꼭 같은 것보다
다 다른 것이 더 좋아

꼭 같은 것보다 다 다른 것이 더 좋아

이 땅의 모든 청소년에게 주는 철학 이야기

윤구병

보리

나래에게, 민주에게

사람다운 삶을 꿈꾸는

이 땅의 모든

불행한 아이들에게

윤구병

이 책이 빨리 낡아서 없어지기를

훤아, 꽃님아.

이 책에 실린 글들은 벌써 열 몇 해 전, 나래와 민주가 너희 나이 또래일 때 쓴 것들이란다. 그러니까 1980년대 전두환과 노태우 군사 독재 정권 아래 많은 사람이 죽거나 감옥에 갇히거나 일자리에서 쫓겨나거나 이리저리 쫓겨다닐 적에 〈우리 시대〉라는 청소년 잡지에 연재하던 글들을 모은 거야. 그 잡지도 나중에는 노태우 정권의 압력으로 나오다 말았지.

그 뒤로 나는 이 책이 빨리 낡아서 새 시대 젊은이들에게는 쓸모가 없어지기를 바랐단다. 세상이 좋아지면 이 책 안에 들어 있는 이야기들은 자연스럽게 빛이 바래게 될 테니까. 그런데 불행하게도 지금 너희들이 살고 있는 이 시대도 그때와 크게 달라진 게 없구나. 그래서 이 책에 담긴 글들에 여전히 귀담아들을 내용이 있다고, 이미 절판된 지 꽤 오래된 걸 다시 내자는구나.

그 사이에 내 삶에 큰 변화가 생겼지. 대학 교수였던 내 직업이 바뀌어 이제 농사를 지은 지 십 년째 접어들었어. 그러니까 열 살배기 철부지 농사꾼이 된 셈

이야. 그리고 무엇보다 농촌에서, 어촌에서 가난한 아버지, 어머니 품에서 때 묻지 않고 자란 너희들을 만나 '변산공동체학교'라는, 이 세상에서 가장 작은 학교를 열게 되었다.

초등 학교를 졸업하자마자 우리 학교에 들어온 꽃님이는 이제 어엿한 고등학교 3학년 과정을 밟고 있구나.

밖에 있는 사람들 가운데는 대학 교수라는 '좋은(?) 직업'을 버리고 농사일이라는 힘든 직업을 택한 내 '바보짓(?)'에 고개를 갸우뚱거리는 분들이 더러 있나 보더라. 그런데 나는 대학에서 철학을 가르칠 때보다 너희들과 한방에 둘러앉아, 지난 해에는 국어, 올해는 철학, 또 다음 해에는 한문이나 영어를 공부하고 또 함께 들에 나가 구슬땀 흘리면서 모를 심거나 김을 매면서 사는 지금이 훨씬 더 마음 뿌듯하단다.

언젠가 내가 너희들에게 윤봉길 의사 이야기를 들려준 적이 있지? 그분은 혁명 투사가 되어 도시락 폭탄을 일본 제국주의 앞잡이들에게 던지기 전까지 시골에서 농사를 지으면서 마을 청소년들을 일깨우는 일에 앞장섰어. 그분이 남긴 글 가운데 이런 구절이 있단다.

"농민은 인류의 생명 창고를 그 손에 잡고 있습니다. 우리 조선이 돌연히 상공업 나라로 변하여 하루 아침에 농업이 그 자취를 잃어버렸다 하더라도 이 변치 못할 생명 창고의 열쇠는 의연히 지구상 어느 나라의 농민이 잡고 있을 것입니다."

그래, 지금 이 땅에서 모든 사람을 먹여 살리는 생명 창고의 열쇠를 쥐고 있는 분들이 바로 너희들 부모님이셔.

훤아, 꽃님아.

나는 가난하고 힘들게 사시는 부모님을 떳떳하고 자랑스럽게 여기는 너희들 모습에서 미래의 희망을 본단다.

오늘 우리 공동체에 어떤 손님들이 일손 도우러 왔는지 아니? 애화 학교 고등 과정 학생들이야. 2학년 한 사람, 1학년 세 사람. 우리 식구들은 수화를 잘 못하고, 그 학생들은 우리가 하는 말을 입술 움직이는 것을 보고 어림짐작해서 알아맞추어야 하기 때문에 서로 이야기를 나누는 데 불편이 조금 따르기는 했지만, 서로 만난 게 얼마나 반갑고 함께 일하는 게 얼마나 즐거웠는지 몰라.

한겨울에 보리밭에 쭈그리고 앉아 일찍 올라온 풀을 뽑아 내는 게 쉬운 일이 아니라는 것을 도시 사람들이 알까? 손도 발도 꽁꽁 얼어붙지, 허리와 목덜미는 뻣뻣해 오지……. 그래도 붉은 놀 등지고 장작불 지핀 방에 들어와 얼굴 마주 보고 있노라면 저절로 웃음꽃이 피어난다. 말이야 안 통한들 어떠냐. 마음만 통하면 되지.

이 애화 학교 학생들이 한 해에 두세 차례씩 와서 일손 돕고 오가는 동안 우리 식구들과 쌓이는 정이 해마다 도타워지는 것을 너희들도 느끼지? 바로 이렇게 사는 게 사람답게 사는 길인 것 같아. 그리고 이럴 때 느끼는 행복감 때문에 내가 교수직 버리고 농사짓게 된 것을 여지껏 한 번도 후회하지 않는 것 같아.

휜아, 꽃님아.

이 책을 다시 내면서 내 마음에 조그마한 욕심이 싹텄어. 그건 이 책을 읽는 도시 청소년들이 이 애화 학교 학생들처럼, 또 한때 우리와 함께 살면서 어느덧 우리 공동체를 마음의 고향으로 삼게 된 자현이, 지수, 슬기, 진이 같은 애들처럼 1주일이나 2주일 너희들과 함께 낮에는 땀 흘려 일하고 밤에는 별빛 아래서

노래를 부르거나 풍물을 치면서 놀면 얼마나 좋을까 하는 소망이야. 너희들도 보았잖니. 여기 와서 며칠 동안 같이 일하고 이야기 나누는 동안에 도시 아이들의 눈빛이 얼마나 맑아지는지를.

나는 가끔 느껴. 쌍선봉에서 솟아오르는 아침 햇살이 저렇게 눈부신 것은, 우리 마을에 흘러내리는 물소리가 이렇게 곱고, 우리 코끝을 간질이는 바람결이 이처럼이나 향기로운 것은, 그리고 우리가 씨 뿌리고 김 매는 이 흙이 이렇듯이 엄마의 젖가슴처럼 푸근한 것은, 이 햇살, 이 바람, 이 물이, 이 흙이 바로 아침저녁으로 우리 밥상에 놓이는 먹을 것을 길러 내는 데 아무 대가도 바라지 않고 밤낮없이 일하는 하느님이기 때문이라고.

이제 비로소 밀레가 그린 '만종'에서 하루 일을 끝마친 두 농사꾼 부부가 저녁 들판에 울려퍼지는 종 소리를 들으면서 누구에게 저처럼 깊은 감사의 기도를 올리는지 알 수 있을 것 같구나.

흰아, 꽃님아.

올해도 우리 부지런히 손발 놀리고 땀 흘려 일하면서 알찬 한 해를 보내자꾸나.

2004년 1월
뒤늦게 풋내기 농사꾼이 된 선생님이

차례

머리말 | 이 책이 빨리 낡아서 없어지기를 6

1부 꼭 같은 것보다 다 다른 것이 더 좋아

무협 소설 읽는 대학 교수 우리 아버지 14

우리 아빠는 광부였어 24

유행가와 팝송을 좋아하는 딸에게 32

내 가난 타령 들어 볼래? 42

너희들이 고통 속에서 단단해지고 슬기로워진 것처럼 48

꼭 같은 것보다 다 다른 것이 더 좋아 54

여성다움의 덫 64

나는 네가 없으면 못 살아 74

우리 모두 사람답게 사는 길 84

2부 가장 훌륭한 교과서는 이 세상이란다

믿기 힘들지? 그렇지만 모두 사실이야 96

괴짜 선생님의 이상한 체육 시간 106

꿈꾸듯 말해 보는 학교 116

어디로 가서 무엇을 배워야 할까 126

자살을 꿈꾸는 민주에게 136

공부 잘하는 사람보다 일 잘하는 사람이 더 훌륭하다 146

가장 훌륭한 교과서는 이 세상이란다 156

3부 우리가 사는 세상은

얼음찜질과 땀내기 168

우리가 사는 공해 천국 1 180

우리가 사는 공해 천국 2 190

말과 글과 얼 200

그분들이 받았던 벌을 달게 받으렴 212

덧붙이는 말 | 모두가 사람답게 사는 세상을 여는 길 218

일러두기
이 책은 1990년 '푸른나무'에서 나왔다가 절판된 것을 다시 낸 것입니다.
요즘 현실에 맞지 않는 부분은 덜어 내고 고쳤습니다.
통계 수치나 경제 지수들은 요즘 수치를 따로 밝혀 두었습니다.

1부 꼭 같은 것보다 다 다른 것이 더 좋아

무협 소설 읽는 대학 교수 우리 아버지

우리 아빠는 광부였어

유행가와 팝송을 좋아하는 딸에게

내 가난 타령 들어 볼래?

너희들이 고통 속에서 단단해지고 슬기로워진 것처럼

꼭 같은 것보다 다 다른 것이 더 좋아

여성다움의 덫

나는 네가 없으면 못 살아

우리 모두 사람답게 사는 길

아빠와 나 ①
우잉
?
이히히

어? 무협지?
나보곤 보지말라
하구선!

아빠가 보는 거랑
니가 보는 거랑
같냐?

그러니까
어떻게
다른 건데요?

너는 이걸 그냥
즐기지만 난
심각하게 연구하는
것이니라!

한 마디로 뭐가
애들에게 나쁜지
알아 내는 거지!

근데
아깐 이히히
웃으며 보셨
잖아요!

아까 이런 장면이
나왔거덩!
우잉

무협 소설 읽는 대학 교수 우리 아버지

나래가 민주에게

민주야.

우리 아버지 참 엉터리다. 우리 아버지가 이번 겨울 방학 내내 뭘 하고 지냈는지 아니? 너는 점잖은 대학 교수가, 그것도 철학 선생이 날마다 만화 가게에 출근하다시피 했다면 믿을 수 있겠니? 다른 사람에게 들었다면 나도 믿지 않았을 거야. 내가 겨울 방학 내내 곁에서 그 꼴(?)을 지켜본 그 대학 교수의 딸이 아니었다면 말이야.

하긴 재작년 여름엔가도 우리 아버지는, 엄마 말씀을 빌자면 '통속 소설에 코를 박고' 지내던 때가 있었어. 너 읽어 본 적 있니? 김홍신의 《인간시장》 말이야. 난 아버지가 읽는 것을 같이 보려다가 혼쭐이 났어. 뭐, 정신 건강에 해롭다나? 나한테는 그렇게 말하면서도 그 책을 손에서 놓지 않으니 아버지의 정신 건강이 몹시 염려스러웠지만 차마 입 밖에 내서 이야기하지는 못했지.

그런데 이번에는 만화 가게에서 뭘 빌려온 줄 아니? 무협지 《영웅문》이야. 작년 가을엔가 네가 이야기한 적이 있잖아. 중학교에 다니는 네 남동생이 한 학기 동안 줄창 그것만 들고 다니길래, 대충 읽어 보니까 유치하기 짝이 없더라고. 글쎄 그런 책을 우리 아버지가 읽고 있는 것을 봤으니 내 심정이 어땠겠니?

그러고 보면 우리 아버지도 남들이 좋다면 무조건 따라하는 속물인 것 같아. 평소에는 거들떠보지도 않다가 몇십만 권이 팔렸다느니 하는 이야기만 들리면 아무리 통속 소설이라도 꼭 빌려다 보는 걸 보면 말이야.

집에서는 비록 아직도 철딱서니없다는 구박을 받고 있기는 하지만 이제 나도 다 컸잖니. 춘향이는 내 나이에 이 도령을 향한 순정을 지키려고 큰칼을 목에 쓰고 옥중에서 '사랑가'를 부르고 있었으니까.

그래서 아버지에게 말했지.

"도대체 아버지는 대학 교수나 되는 사람이 통속 소설 아니면 무협지나 읽고, 부끄럽지도 않으세요?"

하고 말이야. 그런데 어럽쇼! 우리 아버지는 그냥 껄껄껄 웃는 거야, 기분 나쁘게. 먹다 남은 묵은 된장 같은 얼굴이 온통 구겨지도록. 그래서,

"그러면서 걸핏하면 우리에게는 이걸 읽지 말아라, 저건 읽어서는 안 된다고 할 수 있어요?"

하고 따졌지. 그랬더니 우리 아버지 말씀이 걸작이야. 당신은 철학 공부를 하니까 그런 것도 어쩔 수 없이 읽어야 하지만, 나는 불행하게도 철학 선생의 딸로 태어났으니까 그런 것을 읽어서는 안 된다는 거야. 도대체 말이 되는 소리라니? 그래서 그런 개똥 철학이 어디 있느냐고 그랬더니, 금방 정색을 하면서 이렇게 묻는 거야.

"나래야, 너 철학이 뭐라고 생각하니?"

"그걸 제가 어떻게 알아요? 그렇지만……."

"그렇지만 뭐?"

《영웅문》 같은 걸 읽는 것이 철학이라면 만화방에 죽치고 있는 애들이 모두 철학자게요?"

"그렇지는 않지."

"왜 안 그래요?"

"뭐라고 설명하면 좋을까? 너 〈아마데우스〉라는 영화 봤지?"

"아버지랑 같이 봤잖아요."

"그래. 너 그 영화 어떻게 생각하니? 특히 그 영화에 나오는 살리에리라는 사람 말이야."

"미쳐 버린 사람 말이지요? 그 사람 참 불쌍했어요."

"왜?"

"따지고 보면 살리에리가 모차르트보다 훨씬 더 성실한 사람이잖아요. 그런데 다만 타고난 음악 재능이 좀 떨어진다고 그렇게 비참해졌으니까요."

"그럴까?"

"그렇지 않으면 뭐예요?"

"살리에리가 정신 병원에 가게 된 데에는 더 깊은 까닭이 있을 것 같은데……"

"그게 뭔데요?"

그랬더니 우리 아버지가 뭐라고 했는지 아니'? 살리에리는 어자피 처음부터 정신이 온전한 사람이 아니었다는 거야. 도대체 말이나 되니? 너도 〈아마데우스〉를 봤지? 우리가 보기에 모차르트는 경박하고 호들갑스러운데다 반쯤 미친 사람 같고 살리에리는 정반대였지 않니?

"살리에리는 봉건 시대의 세계관을 떠받들고 살던 사람이다. 밥 먹고

할 일 없으니까 온갖 까다로운 예절과 규범을 다 만들어 놓고 그것을 잘 지켜야 성실하고 훌륭하다고 생각했던 봉건 귀족들의 세계관 말이야. 그러니 온전한 정신이 아니라는 거지. 살리에리는 귀족 축에 끼지도 못 하면서 귀족들에게 길들여져 귀족들 비위나 맞추면서 살게 된 허수아비 같은 사람이지. 그런 살리에리를 성실하다고 보는 것은 봉건 시대의 규범을 당연하고 자연스러운 것으로 받아들이기 때문이야. 그런 생각이 바로 반(半)봉건적이고 비역사적인 인식이란다.

봉건 영주의 사치와 권위, 방탕하고 게으른 취미에 아첨하느라 그이들 비위에 맞는 음악이나 만들던 살리에리 앞에 모차르트가 나타난 거야. 경박하기 짝이 없고 여자 뒤꽁무니나 쫓아다니고, 버릇없고, 천한 상것들이나 드나드는 선술집에서 떠들썩하게 난장판이나 벌이고……. 살리에리는 어느 모로 보나 멸시를 받아 마땅한 이 어린 것이 음악에서만은 자기보다 훨씬 더 뛰어나다고 생각했어. 그러니 하느님이 불공평하다고까지 생각한 거지.

살리에리의 바로 이런 생각이 글러먹은 거야. 모차르트의 행동이나 취미가 살리에리에게는 품위 없고 속되게 보였을지 몰라. 하지만, 모차르트가 봉건 시대의 모든 규범을 헌신짝처럼 내팽개칠 수 있는 열린 삶의 자세를 가졌기 때문에 살리에리보다 더 훌륭한 음악을 만들 수 있었던 거야. 음악을 포함한 모든 예술 행위는 그렇게 자유로운 삶의 태도가 바탕에 깔려 있어야 하는 것이니까.

살리에리는 봉건 시대의 농노들처럼, 자기를 노예로 만든 봉건 영주들의 세계 질서를 최선의 것으로 받아들였어. 그리고 자기의 모든 행동 규범을 거기에 맞추려고 애썼지. 하지만 그래 봤자 결국에는 봉건 영주의 어릿광대에 지나지 않았던 거야. 반대로 모차르트는 어렸을 때부터 연주 여행을 하면서 그 당시에 새로 움돋기 시작한 완전히 새로운 혁명의 세계관을 만나게 됐지. 18세기 말 이탈리아, 프랑스, 영국에 새롭게 등장한 상공업자의 세계관 말이야. 모차르트는 가볍고 천박한 생활 태도를 가지고 있었고, 그이의 음악은 그 때 사람들 기준에는 충격일 만큼 저속했어. 그것은 바로 그 시대에 새로 벼락부자가 되고 마침내는 봉건 귀족들을 꺼꾸러뜨릴 힘을 갖게 된 신흥 상공업자들의 생활 양식과 조금도 다르지 않지.

그러니까 모차르트는 낡은 세계관인 봉건주의에 맞서 새로이 떠오르는 초기 자본주의 세계관을 대변하고 있었고, 살리에리는 자기를 어릿광대로 만든 주인의 세계관, 곧 봉건주의 세계관을 받아들이고 있었으니 모차르트에게 질 수밖에 없었어. 그러니 살리에리는 애초부터 제 정신이 아니었던 거야."

솔직히 말해서 난 아버지의 이야기를 알아들을 수가 없었어. 그래서, 삐딱하게 말대꾸를 했지.

"그게 철학 교수인 아버지가 《영웅문》 읽는 것하고 무슨 관계가 있는 건데요?"
그랬더니,

"어떤 사람이 스스로 깨닫고 있든지 못하는지 상관 없이 그 사람의 말이나 행동에는 그 시대의 특징이 들어 있어. 《인간 시장》 같은 책도 그냥 우연히 나오게 된 것이 아니야. 사람들이 그저 우연히 그 책을 많이 읽게 된 것도 아니지. 《인간 시장》 같은 소설에는 우리 시대가 앓고 있는 병들이 있는 그대로 고스란히 드러나 있으니까.

어떤 책이 많이 읽힌다는 것은 그만큼 그 책이 여러 사람에게 영향을 준다는 것을 뜻해. 그러니까 억지로 시간을 내서라도 그 책을 읽고 내용을 분석해야 하는 거지."

"그런 일을 하는 사람은 따로 있잖아요? 문학 평론가가 그런 일을 하는 사람 아니에요?"

"그렇기도 하고 그렇지 않기도 하지."

"그런 흐리멍텅한 대답이 어디 있어요?"

"방금 들었지 않니? 《영웅문》이나 《인간 시장》 같은 소설을 분석하고 검토하는 일은 문학 평론가가 아니라 사회 과학이나 철학을 공부하는 사람이 할 일이야."

그러고 보니, 우리 아버지는 《단》이라는 소설도 읽으셨단다. 《인간 시장》은 우리 사회에 널리 퍼져 있는 폭력 숭배와 남존 여비 사상을 밑바탕에 깔고 있어서 문제이고, 《단》은 국수주의나 구름 잡는 초인주의 사상을 부추길 수 있다고 어디엔가 쓰기도 했어.

"그럼 《영웅문》은 뭐가 문제인데요?"

"글쎄, 한두 마디로 대답하기는 어렵다만 얘기해 보자. 너, '무협지'라고 들어 봤지? 《영웅문》이 바로 무협지야. 무협지는 지금도 서울 시내 만화 가게마다 수백 권, 수천 권씩 쌓여 있지. 우리 나라 사람들이 이 무협지에 중독된 것은 유신 시대부터였어. 이 무협지가 왜 하필이면 유신 시대부터 유행한 걸까?

나래야, 너 유신 시대가 뭔지 아니? 그것은 막강한 군사력을 거머쥔 한 정치가와 그 사람을 떠받드는 정치 집단이 오래도록 집권하려고 헌법을 제멋대로 뜯어고쳤던 공포 정치의 독재 시대를 가리키는 말이야. 그 때 이 나라 백성들은 숨도 제대로 못 쉬고 살았어. 바로 그 시절에 무협지가 판을 쳤던 거야.

본디 무협지는 대만 사람들이 쓴 거란다. 대만은 우리 나라보다 경제는 넉넉하지만 사실은 지독한 독재 국가야. 너도 신문에서 봐서 알 거야. 몇 년 전에 계엄령이 해제될 때까지 사십 년 가까이 온 국민이 계엄 상태에서 살았다는 것 말이다. 대만 국회에는 야당이 아예 없었단다. 무협지는 독재 국가에 살고 있는 대만 사람들의 의식을 마비시키는 데 아주 뛰어난 마취제 노릇을 했지.

무협지는 무술을 닦은 건달들의 황당무계한 영웅담이야. 거기 나오는 무예계 고수들을 요즈음 식으로 말해 볼까? 걸핏하면 까닭도 없이 패싸움을 벌이고 사람 목숨 알기를 파리 목숨보다 더 가볍게 아는 깡패 집단, 살인자 집단이야. 무술 닦는 사람치고 땀 흘려 일해서 자기 먹을 것을 마련하는 사람은 눈을 씻고 봐도 찾을 길이 없거든.

우리 나라에도 영웅 소설은 있었어. 그런데 우리 나라 사람들이 무술을 수련하는 방법은 무협지에 나오는 주인공들이 무술을 수련하는 방법과는 전혀 달랐지. 무술을 익히려면 먼저 오랜 세월 동안 물 긷고, 빨래하고, 나무하고, 농사짓는 따위 생산에 관련된 일을 몸에 익혀서 스승을 먹여 살리고 스스로도 먹고살 능력을 갖추어야 했어. 그렇게 하다 보면 물론 본격으로 무술을 익힐 수 있는 몸가짐이 되기도 하지만, 더욱 중요한 것은 일을 하는 사람의 마음가짐, 일하는 사람만이 얻을 수 있는 마음을 갖게 된다는 거야. 그리고 무술을 익히고 난 뒤에도 여간해서는 밖으로 드러내지 않았지. 수련하다가 다른 사람을 해치게 되면 까닭이 무엇이든 가차없이 쫓겨나거나 무서운 벌을 받았어. 그런데 무협지에는, 특히 사람들이 많이 읽는 《영웅문》에는 무술을 익히는 사람이 지켜야 할 이런 최소한의 규율조차 무시되고 있어. 결국 가장 힘센 놈만 살아남게 되어 있는 거야.

가장 힘센 사람이 가장 정의로운 사람이 되는 세계, 인간과 인간의 문제가 결국은 피비린내 나는 싸움으로만 해결되는 사회, 힘이 없는 사람은 힘센 자들의 권력 다툼 속에서 떼거리로 개죽음을 당하는 사회, 이런 사회를 두고 아마 지옥이라고 하겠지.

아무리 조그마한 문제라도 팔씨름만으로 해결할 수 없는 것이 우리네 살림살이가 아니니? 그런데, 모든 일을 폭력으로 해결할 수 있다는 환상을 몇만 명, 몇십만 명이 넘는 사람이 갖게 된다면 그 결과는 어떻게 될까? 더구나 《영웅문》이나 《인간 시장》 같은 소설을 읽고 그런 환상을 갖게 되는 사람들이 이제 막 피어나는 청소년들일 때는?"

이것이 우리 아빠가 《영웅문》을 읽고 나서 하신 말씀이야.

민주야, 넌 어떻게 생각하니? 난 아무리 생각해도 《영웅문》 같은 시시한 소설 나부랭이나 보고, 어쩌고저쩌고하는 것이 철학인 것 같지는 않아. 우리 아버지는 그걸 읽느라고 얼마나 힘들었는지 모른다고 한숨을 내쉬지만.

그래도 철학이라면 영원히 변하지 않는 진리를 추구하는 것이 아니겠니? 우리 아버지는 내가 이런 말을 하면, 철학은 우리 삶의 실제 문제에서 출발한다고 늘 말씀하셔. 하지만, 글쎄 아무래도 믿기지 않는 구석이 있어. 철학이란, 음, 뭐랄까? 아주 심오하고, 고상하고, 알쏭달쏭하고, 그래서 철학을 공부한다는 사람들 말을 보통 사람들이 잘 알아듣지 못하고……. 그런 것 아니니?

"너 자신을 알아라." 이 말은 소크라테스가 한 말이라던가? 아무튼 지금은 우리 아버지가 자기 자신을 잘 모르는 것 같은데, 네 생각은 어떠니? 잘 읽어 보고 답장해 주면 좋겠어. 너도 알다시피 내가 워낙 골치 아프게

이것저것 따지는 것 딱 질색이잖아. 그런데 너는 나와 다르게 생각이 깊잖니. 한 마디로 넌 꽤 철학적이잖아?

잘 있어. 그리고 곧 답장해 줘.

—나래가

②
아빠와 나

아빠! 나
알바 할래요!

그딴 걸
뭐 하러 해!

용돈도 벌고 인생
경험도...
어쭈!

돈도 벌고 인생도 알려면
가서 공부나 하시지?

모든 일은 다 때가
있는 법. 지금 너는
공부를 해야 하느니!

그래서 아빤
제 나이 때 공부만
했어요?
물론!

근데 왜
아빤 돈도
없고
인생도 몰라?

우잉

우리 아빠는 광부였어

나래야.

네 편지 받아 보고, 겉으로는 안 그런 척하면서도 속으로는 네가 아버지를 얼마나 좋아하는지 알 수 있었어. 네 편지를 읽는 동안 우리 아빠 생각이 문득 떠올랐어. 난 예전부터 다 큰 애들이 부모님을 엄마, 아빠라고 부르는 것이 못마땅했어. 하지만 아빠한테는 아버지가 아니라 꼭 '아빠'라고 부르게 되더라. 내가 특히 우리 아버지를 '아빠'라고 부르는 데는 까닭이 있어. 내가 다섯 살 때 아빠가 돌아가셨거든. 그러고 보니까 이제까지 한 번도 우리 집안 이야기를 남에게 해 본 적이 없구나. 심지어 가장 친한 너에게도 말이야.

우리 아빠는 광부였어. 강원도 정선에서도 일하셨고, 사북에서도 일하셨대. 그리고 충남 성주에서도. 어머니 말씀으로는, 우리 아빠는 초등 학교도 다니다 말았대. 그렇지만 무척 착하고 성실한 분이었던 것 같아. 원래는 농사를 지었는데, 사라호 태풍 때인가 둑이 터져서 몇 뙈기 안 되는 논밭은 말할 것도 없고 집까지 떠내려가는 바람에 할아버지댁이 모두 도

회지로 이사를 하게 됐대. 학교도 그 길로 그만뒀고.

우리 아빠는 어렸을 때부터 닥치는 대로 일을 했어. 신문팔이, 껌팔이, 구두닦이, 그리고 아이스케키 장사까지 말이야. 우리 아빠가 열두어 살쯤 됐을 때 이런 일도 있었대. 마침 근처 시골 학교에서 운동회를 한다고 하더래. 그래서 아이스케키 장사를 하려고 물건을 외상으로 잔뜩 산 거야. 운동회날 아침, 무거운 아이스케키 통을 메고 그 학교까지 갔는데 부슬비가 내리기 시작했대. 날씨도 쌀쌀해지고. 그러니 아이스케키를 사 먹는 사람이 있을 리가 없잖아. 나중에는 점점 빗발이 굵어지더니 장맛비처럼 마구 퍼붓더래. 운동회는 그길로 끝난 거지. 팔리지 않은 아이스케키는 통 속에서 녹아 가고, 녹아 가는 아이스케키와 함께 우리 아빠의 가슴도 녹아내렸어. 배도 고팠지만 녹고 있는 아이스케키가 아까워서 엉엉 울면서, 그 아이스케키를 먹기 시작했대. 먹어도 먹어도 줄어들지 않는 아이스케키를 토할 때까지 먹고 덜덜 떨면서 집으로 돌아왔는데, 그길로 앓아 누운 것이 한 달을 넘겼다네. 아빠의 머리칼이 듬성듬성하던 기억이 있는데, 어머니 말로는 아빠가 그 때 염병(장티푸스를 옛날에는 그렇게 불렀대.)에 걸려서 머리칼이 몽땅 빠지고 난 뒤로 다시 나지 않아서 그렇게 된 거래.

우리 어머니하고 아빠가 만난 사연이 재미있어. 아빠는 중국집 심부름꾼으로 있으면서 틈틈이 권투 도장에 나가고 있었대. 못 배우고 가난한 집 아이가 성공하는 가장 빠른 길은 세계 챔피언이 되는 거라고 생각했던 거야. 그렇지만 그게 어디 그렇게 쉬운 일이니?

우리 동네에서 똥과자(우리 동네에서는 '달고나', '뽑기'를 모두들 그렇게 말해.)를 파는 아저씨가 한 명 있는데, 그 아저씨는 고등 학교 때 야구 선수였대. 우리 나라는 한번 운동 선수가 되면, 수업을 들을 시간도 없고 또 들으려 하지도 않잖아. 그러니까 그 아저씨는 고등 학교에 다니는 동안 제대로 공부를 하지도 못했지. 물론 그 학교가 야구를 잘해서 우승이나 준우승을 한다든지 또 특별한 재능이 있으면 그런대로 대학에도 갈 수 있고 기업체에도 들어갈 수 있겠지만, 그게 그렇게 쉬운 일이겠어? 그 아저씨 말은 운동 선수 가운데 열의 여덟은 자기와 비슷한 신세가 되어 있거나 앞으로 그렇게 될 거라는 거야. 한 해에도 몇십 명씩 선수를 뽑는 프로 야구단이 있는데도 그 모양이니, 세계에서 한 명밖에 없는 챔피언이 되기가 쉬울 턱이 있니?

우리 아빠가 다니던 권투 도장은 지방에서 꽤 알아주는 도장이었는데도 세계 챔피언은커녕 한국 챔피언도 하나 나오지 않았대. 아빠는 거의 이루어질 수 없는 바람을 가지고 있었던 거지. 한 명의 챔피언이 나오기까지 수십만 명의 젊은이들이 실컷 매만 맞고 결국에는 낙오자가 되고 마는 거야. 그래도 우리 아빠는 운이 좋았어. 어머니를 만났거든.

우리 어머니가 가발 공장에 다니고 있을 때였어. 어느 날, 밤늦게까지 일하느라고 집에 돌아가는 시간이 많이 늦어졌대. 그 때 불량배들이 길을 막고 어머니에게 행패를 부린 거야. 마침 아빠가 도장에서 돌아오다가 그걸 본 거지. 그리고 용감하게 달려들어서 맞선 거야. 뭐? 그 다음에 모두 두들겨패서 쫓아 버리고 어머니를 집에까지 데려다 주고 난 뒤 사귄 모양이라고? 그랬으면 얼마나 좋았겠니. 막상 달려들기는 했는데, 상대는 여럿에다가 쇠몽둥이와 칼까지 들고 있어서 아빠는 허벅지를 칼에 찔리고 갈비뼈까지 몇 대 부러졌대. 때마침 순찰 도는 야경꾼들이 와서 그나마 목숨이라도 건진 거지.

"글쎄, 그렇게 얼척 없는 사람이 워디 있다?"

어머니는 어이없다는 듯 웃으면서 말하고는 했지만, 그래도 아빠를 자랑스러워했어.

어쨌든 그렇게 해서 두 분은 가까워지게 된 거야. 나중에 어머니가 아빠한테 주먹다짐 그만두고 기술이나 배워서 살 궁리를 하라고 말해도 아빠는 고집을 부렸대. 세계 챔피언만 되면 모든 문제가 한꺼번에 해결될 것이라고 믿었으니까. 그러다가 아마추어 선수권 대회에 나갔는데, 준준결승까지는 올라갔지만 준결승전에서 실컷 맞고 내려왔던 모양이야. 말로만 들었을 때는 모르다가 어머니가 그 모습을 막상 지켜보니 그렇게 무작스러운 짓이 없더래. 우리 나라에도 겨룸질이 있지만 그렇게 무지막지하게 서로 패는 짓은 하지 않는다는 거야. 그런데 어디서 그런 못된 것만 골라서 들여왔는지 모르겠다고 말이야. 그래서 울면서 말렸는데도 소용이 없더래. 아빠는 프로 선수가 되서 돈을 벌겠다고 하는 거야. 가당키나 한 일이니? 아마추어 경기에서 진 사람이 프로 경기에서 이기겠다는 것이 이치에 맞는 일이야? 결국 4회전 선수로 프로 생활을 마감했대. 그 때 아빠 나이가 스물세 살이었다던가, 스물네 살이었다던가?

그 때 어머니 뱃속에는 이미 오빠가 자라고 있었어. 배가 불러 오는데 어떻게 해. 어렵게 어렵게 집안의 반대를 무릅쓰고 그냥 두 분이 함께 살기로 작정한 거지. 그렇지만 살 길은 막막했어. 그 때 이웃에 사는 어떤 분이 강원도 탄광에 가면 일자리가 있을 거라면서, 오래만 하지 않으면 괜찮다고 한번 가 보지 않겠냐고 권한 거야. 그래서 이웃 사람이 적어 주는 주소 하나만 달랑 들고 아빠 혼자 강원도로 가게 된 거야.

이렇게 해서 우리 아빠는 광부가 됐어. 어머니는 나중에야 갓난아이를 업고 아빠가 있는 강원도로 찾아간 거고. 나 어렸을 때 까만 시냇물에서 물장구 치고 놀던 생각이 나. 그 때마다 엄마한테 야단맞던 기억도 나고.

그래, 우리 아빠는 밤마다 얼굴이 새까맣게 되어 이만 하얗게 드러낸 채

어깨를 늘어뜨리고 들어오는 광부였어. 십 년이 넘게 탄을 캐셨지. 그러다 규폐증에 걸렸고, 아직 치료가 끝나지 않았는데도 병원 사람들은 탄광업자와 짜고 병든 아버지를 쫓아냈어. 그 바람에 집으로 돌아온 뒤로는 내내 앓기만 하다가 돌아가셨단다. 어머니가 허리띠를 졸라 가며 모은 돈도 다 아버지 병원비며 약값에 고스란히 들어가 버렸어. 결국 아버지 돌아가시고 우리가 탄광 마을을 떠날 때는 알거지 신세였대.

나는 아빠가 광부였다는 것이, 그리고 내가 광부의 딸이었다는 것이 부끄러웠어. 그래, 나는 우리 아빠가 대학 교수가 아니었다는 것이, 대기업의 회사원이나 공무원이 아니라는 것이 부끄러웠던 거야. 지금 생각하면 참 못된 딸이었어. 어느 틈에 아득바득 이익만 좇고 셈이 빠른 우리 사회에 물들어 아빠를 경멸하고, 스스로는 열등감에 사로잡혀 괴로워했으니까.

그런데 어느 날 놀라운 일이 일어났어. 너 그 국어 선생님 기억하니? 왜 그 안경 끼고 늘 조심스런 표정을 하고 있던 자그마한 국어 선생님 있잖아. 그 선생님을 시장에서 만났어. 바지락을 팔고 있는 엄마가 잠깐 자리를 비운 틈에 내가 바지락을 까면서 자리를 지키고 있었거든. 그런데 그 선생님이 장보러 오셨다가 나를 본 거야. 그러고는 나에게 편지를 보내 주셨어.

민주야, 나는 이제껏, 그 때 시장에서 바지락을 까고 있던 모습만큼 아름다웠던 민주를 본 적이 없어. 니는 내가 모를 거라고 생각하고 있겠지만 나는 안다, 네가 자랑스러운 광부의 딸이라는 것을. 민주야, 너희 아버지 같은 분이 없었다면, 많은 사람들이 끼니는 어떻게 끓였을 것이며, 또 무슨 수로 한겨울에 몸을 덥힐 수 있었겠니? 너희 아버지는 많은 사람을 위해서 스스로를 희생한 분이

다. 나도 네 아버지 같은 분들 때문에 지금 살아 있을 수 있는 거고. 또, 네 아버지는 사람뿐만 아니라 이 땅의 많은 생명체들을 살려 내서 이 땅을 풍요롭고 아름다운 곳으로 만든 분이기도 하다. 너희 아버지가 연탄을 캐지 않았다면 우리는 별수없이 산의 나무를 베어 불을 땠을 것이고, 벌거숭이 산에는 노루도 꿩도, 다른 많은 짐승이나 곤충도 살아남지 못했을 거야. 그러니 지금 저 산에 자라는 나무들도, 멀리서 우는 저 뻐꾸기 울음소리도 다 네 아버지를 기리는 소리로만 들리는구나.

훌륭한 삶이란 무릇 그런 것이다. 훌륭한 삶은 다만 사람들 사이에서만 빛이 되는 것이 아니라 산에 자라는 이름 없는 억새나 벌레 한 마리에게도 빛이 된다. 나는 그처럼 훌륭한 분의 딸을 가르칠 수 있다는 것이 자랑스럽지만 한편으로는 그분이 나에게 베푼 것의 만 분의 일도 갚지 못하고 있는 것이 부끄럽다.

민주야, 아버지에게 부끄럽지 않게 살자꾸나.

선생님은 내가 아빠를 어떻게 생각하는지 아셨던 거야. 그래서 다시 한 번 내 종아리를 때린 거지. 전에도 그런 적이 있어. 반에서 늘 1등을 하던 내가 한번은 다른 애에게 1등을 뺏긴 일이 있어. 분한 마음에 울고 있는데, 선생님이 왜 그러느냐고 묻더라. 내 대답을 듣더니,

"그래, 네가 2등을 했다고 운다면 우리 반 누구도 평생 1등을 하지 말고 너만 1등을 하겠다는 말이냐? 또 2등을 한 네가 그렇게 운다면 3등부터 꼴찌까지는 다 자살이라도 해야 한단 말이냐?"

하고 몹시 때리신 거야. 그 때는 얼마나 원통했는지 몰라. 선생님이 죽이고 싶도록 밉기도 했고. 그렇지만 이제는 선생님이 그렇게 화를 내신 까닭을 알겠어.

나래야, 우리 아빠는 광부였어. 지금 이 말을 하면서 내가 얼마나 자랑

스러운지 아니?

　앞으로 더 노력할 거야. 모두에게 빛이 될 수 없을지라도 그 빛을 낼 수
있는 불쏘시개라도 될 수 있도록…….

　잘 있어. 난 이제 수산 시장에 가 봐야 해.

—민주가

③
아빠와 나
우잉
1

와~ 와~
4

뽕짝은 원래
일본 노래라던데...
2

우씨! 일본한테
축구를 지다니!
나가 죽어라!!
퍽!
5

가락이
끝내주잖아!
아!
3

도대체가 일관성이
없다니깐...
......
FIN
6

유행가와 팝송을 좋아하는 딸에게

나래야.

너는 늘 이 아비를 음치라고 놀려 대고는 하지? 그래, 아비는 음치라고 하자. 그 때문에 네가 어렸을 때는 네 엄마에게 얼마나 설움을 받았는지 모른다. 네가 태어나기 전에는 엉터리 노래일망정 그래도 들어주는 척이라도 하더니, 네가 태어난 뒤부터는 아주 대단치도 않았거든. 이제는 사정이 달라졌다는 거야. 아이가 말은 못해도 귀로는 하나도 빠짐없이 다 듣고 배운다는 거지. 그래서 어쩌다 네 앞에서 유행가나 민요라도 한 가락 흥얼거렸다가는 그 때마다 당장 입을 다물라는 명령이 떨어졌어. 이 아비가 부르는 노래를 듣고 따라 부르다 보면 너노 음치가 될 것이 분병하다는 거야. 그러니까 노래를 부르고 싶으면 뒷산에 올라가 혼자 부르든지 하고 집에서는 입도 벙긋하지 말라고 말이야.

지금은 네 엄마 말이 엉터리였다는 것을 알고 있다만, 그 때는 그 말이 정말인 줄로만 알았지 뭐냐? 그래서 누구보다도 노래부르기를 좋아하는 내가 집 안에서는 노래하고 싶은 마음을 누르고 살아야 했어.

공동 묘지에 가면 까닭 없이 죽은 귀신 없다고, 음치인 사람치고 자기가 음치인 데 대해서 할 말 없는 사람이 없지. 이 아비도 할 말이 한두 가지가 아니다. 그렇다고 내가 사람마다 노래 부르는 재주까지 모두 꼭같이 타고 났다고 하는 것은 아니야. 다만 노래 부르는 재주와 흥을 내는 신명은 서로 다른 부분이라는 얘기지.

너도 이 아비가 민요는 곧잘 부른다는 거 알지? 우리 민요는 모두 함께 신명을 돋우며 부르는 노래이기도 하지만, 부르는 사람마다 해석할 여지가 아주 넓지. 내 귀가 처음 열리기 시작할 때 처음 들은 노랫가락은 네 할머니가 부르신 민요였단다. 물론 그 가운데는 "힘깨나 쓰는 아들 징용을 가고요, 벼깨나 나는 논 신작로가 되고요……." 같은 식민지의 아픔이 깃들어 있는 유행가 비슷한 것도 있지.

민요는 수천 년 수만 년을 두고 불러 온 민중의 노래란다. 우리 민요 다르고, 인도 민요 다르고, 나이지리아 민요 다르지만, 모두가 민중의 노래라는 점에서는 꼭같아. 또 민요라는 것은 거의가 일할 때 부르는 노래야. 나는 어쩌다 여러 나라 민요를 들어 볼 기회가 있었는데, 민요의 가락들이 저마다 다르면서도 어딘지 서로 친숙한 구석이 있더구나.

모든 겨레는 저마다 다른 방식으로 음의 질서를 잡았기 때문에 저마다 자기 겨레의 노래를 갖게 되었지. 그렇다면 어떻게 서로 다른 방식으로 음의 질서를 잡았을까? 물론 거기에는 나라마다 문화가 다른 것도 원인이 되었겠지. 그러나 겨레마다 바탕이 되는 정서를 이루는 데 가장 큰 영향을 미친 것은 그네들을 둘러싸고 있는 자연이라고 봐야 할 거야.

갓 태어난 어린애는 귀머거리나 다름없어. 그런데, 하루하루 시간이 흐르면서 바깥 세계의 소리들을 구별하게 돼. 그 아이가 산골짜기에서 태어났다면 시냇물이 졸졸 흐르는 소리, 산새들 울음소리, 소나무 숲을 스치는

솔바람 소리, 늑대나 여우의 울음소리를 먼저 들었겠지. 그 아이가 농촌에서 태어났다면 개구리 소리, 소나 염소가 우는 소리, 보리밭 사이를 지나는 바람 소리, 뜸부기 소리, 매미나 베짱이 소리 같은 것을 먼저 들었을 것이고.

말을 배우기도 전에 아이 귀에는 많은 소리들이 쌓이게 돼. 그러면 이여러 가지 소리를 서로 다른 것으로 가려 내게 되고 음의 질서를 잡는 방식도 익히게 되는 거야. 사막을 스쳐 가는 흙먼지 바람 소리와 낙타 울음소리를 듣고 자란 아이가, 모래톱을 치는 파도 소리, 갈매기 울음소리를 듣고 자란 아이와 다른 방식으로 소리를 가르리라는 것은 아주 당연한 일아닐까? 같은 경상도 사투리라도 부산 사투리 다르고, 청도 사투리 다르고, 진주 사투리 다른 것도 이렇게 설명할 수 있을 거야.

그런 점에서 이 아버지는 도시에서 자란 너를 가엾게 생각한다. 그리고 시골에서 태어나 어린 시절 내내 시골에서 보낸 내가, 도시에서 죽 살아온 네 엄마보다 소리에 대해 훨씬 더 예민한 감각을 가지고 있다고 믿는다. 네 엄마는 내가 노래를 부를 때마다 놀려 대거나 비웃지만 네 엄마가 음을 판단하는 기준은 겉으로 드러난 것에만 있거든. 겉만 보고 틀에 박힌 관습에서 벗어나지 못하고 있는 거야. 너나 네 엄마가 처음으로 들은 바깥 세계의 음은 틀림없이 기계음이겠지. 도시는 자동차 부르릉거리는 소리, 지하철 선로를 지나는 기차 바퀴 소리, 호루라기 소리, 불자동차 앵앵거리는 소리, 민방위 훈련 때 울리는 사이렌 소리, 확성기에서 나오는 뭉개진 외침 소리, 이런 소리로 꽉 차 있어. 그러니 도시에서 태어난 아이의 귀가 열린 순간부터 아이의 고막을 울리는 소리 또한 그럴 수밖에.

그런데 말이다. 기계가 내는 소리의 가락은 기계답게 되풀이될 뿐이다. 따라서 기계 소리는 살아 있는 생명체가 내는 소리와는 달리 음의 가락과 높낮이가 우리의 신명을 일깨우지 못해. 그저 감상에 빠진 채 허우적거리게 만들 뿐이야. 우리 몸과 조화롭게 어울리지 못하는 음이기 때문이지.

우리의 삶터가 도시로 옮겨 오면서 점점 더 음치가 늘어나고, 특히 기계 소리에 둘러싸여 사는 대도시의 아이들 가운데 음치들이 훨씬 더 많다는 보고는 그래서 참으로 당연하게 느껴지는구나. 더욱 문제가 되는 것은 가락과 높낮이는 대충 따라가지만 음이 가지는 성질, 즉 신명이 더 넓은 곳으로 퍼져 나가 다른 사람들의 신명을 일깨우지 못하는 '정신 음치'가 많이 생겨난다는 거지.

아버지 생각에는 너나 네 엄마가 정확한 음으로 부른답시고 흥얼거리는 유행가나 가곡 가운데 어떤 것도 우리 전통의 음의 질서를 제대로 반영하고 있는 것이 없는 것 같더구나. 어떤 노래를 악보에 그려진 콩나물 대가리에 따라 부르지 않는다고 음치라고 규정하는 것은 말도 안 되는 일이다.

너 혹시 '가곡의 밤' 같은 공연에 가 본 적이 있니? 그 사람들이 부르는 가곡의 노랫말을 죄다 알아들을 수 있겠던? 네가 전에 한 번도 들어 보지 못한 노래라서 가사를 모르는 노래일 때 말이야. 이 아버지는 그런 공연에는 따로 가 보지 않았지만, 라디오나 텔레비전에서 들은 것만으로 이야기한다 하더라도 도무지 저 사람들이 우리말로 노래를 부르는 건지, 서양말로 노래를 부르는 건지 알 수가 없더구나. 벨칸토 창법인지 뭔지 하는 외국 창법을 들여온 모양인데, 우리 가곡을 우리가 알아들을 수 없다면 도대체 누가 들으라는 말이냐?

기왕에 이야기가 나왔으니 하나 더 짚어 볼까? 우리 나라 국립 서울 대학교에 음악 대학이 있는데, 그 안에 성악과와 국악과가 있어. 그런데 국악은 바로 '우리 음악'이라는 뜻이 아니냐? 게다가 성악과 다니는 사람이 국악과 다니는 사람을 업신여긴다는 이야기도 들었다. 세상에, 제나라 음악을 한 구석에 제쳐 두고 서양 음악, 그것도 궁정이나 귀족 계급 사이에서만 부르고 연주하던 음악을 진짜 음악으로 치는 나라가 또 있을까 두렵다.

우리 가곡을 서양 창법에 따라 부르는 사람이나, 서양 창법에 맞도록 작곡하는 사람을 내가 나무라는 까닭이 다른 데 있는 것이 아니다. 우선 우리말은 이탈리아어나 독일어, 프랑스어와는 다르지 않니? 말이 다르다는 것은 말이 생기게 된 내력이나 말의 질서를 만드는 방식이 다르다는 말이지. 이것은 나라마다 바깥 세계의 음을 받아들여서 그것들을 가르고 익히는 방식이 달랐다는 말이고, 그 방식을 바탕으로 만든 발음의 질서가 다르다는 말이다.

말은 모든 소리를, 특히 사람의 소리를 익히고 쓰임새 있게 가르고 정리하는 마지막 단계에서 이루어진다. 바로 그 때문에 성악은 기악과 달리 제나라 말을 소리내는 방식에 따라 불러야 하는 것이지. 그런데, 이 땅의 가곡 작곡자나 가수 가운데 많은 사람들이 이런 기본 상식마저 저버리고, 외국말 소리내는 방법에 따라 노래를 만들고 또 부르고 있는 이 마당에 문화가 어떻니, 노래가 어떻니 제대로 말할 수 있을까?

어렸을 때부터 그런 식으로 식민지 교육처럼 음악 훈련을 받은 아이들이 나중에 어떻게 되는 줄 아니? 그 가운데 한두 명은 본국에 가서 그 나라 사람도 깜짝 놀랄 만큼 본국 음을 잘 내서 큰 상을 받기도 한다. 그렇지만 대부분은 우리의 정서에 맞지도 않는 것을 우리 가곡이라고 억지로 부르고 있으니 신명이 날 리가 없어.

　정작 어깨춤이 절로 나는 우리의 전통 가락은 만나 본 적도, 들어 본 적도 없이 우리 음악이 고리타분하거나, 지겹고 낯선 소리를 내는 것이라고 지레짐작해 버리고 마는 거지. 그러고는 어렸을 때부터 들어서 귀에 익은 미국 유행가나 들으면서 그것을 제 나라 소리로 착각하고 있는 것 같다. 궁둥이까지 미국식으로 흔들면서 알맹이 없는 유행가에 몸을 내맡기게 되는 거지.

　유행가라고 해서 다 나쁘다는 것은 아니야. 네 삼촌이 술 마시면 늘 부르는 '단장의 미아리 고개' 같은 노래나, 내가 좋아하는 '열두 냥짜리 인생' 같은 유행가는 그 시대를 살아가는 보통 사람들의 아픔과 기쁨, 슬픔이 그대로 표현되어 있어서 참 좋은 노래라고 할 수 있지. 그렇지만 대부분의 유행가는 그렇지 못해.

　유행가의 수명이 얼마나 되는지 아니? 거의 모든 유행가는 반 년도 채 되지 않아서 사라져 버리지. 왜 그런지 아니? 곡이나 가사가 나빠서 인기가 없어지니까 당연한 일 아니겠느냐고? 물론 그렇기도 해. 그렇지만 그것이 다는 아니야. 일 주일에 한 번씩 그 주일의 인기 유행가를 뽑는 텔레비전 프로그램 있지? 그것을 보면 일등을 몇 차례 거푸 하면 그 다음에는 그 노래를 제쳐 놓지 않니? 왜 그럴까? 정말 좋은 노래고 시청자들이 원하는 노래라면 계속해서 뽑아야 할 텐데……. 뭐? 모두에게 꼭 같이 기회를 주어야 하기 때문이라고? 그런 거라면 차라리 1, 2등을 정하지 말아야지.

　까닭은 그런 데 있는 것이 아니야. 사실은 모든 유행가가, 그것이 어느 나라의 유행가인가에 상관 없이 자본주의 사회에서만 볼 수 있는 '상품 선전 노래'라는 데 있어. 특정한 상품을 선전하지 않는데 어떻게 해서 상품 선전 노래냐고? 좋은 질문이다. 유행가가 특정 상품을 선전하는 일은 물론 없지. 하지만 유행가는 우리의 정서를 들뜨게 하고 새로운 것에 예민하게 반응하도록 만들어서 새로운 상품이 많이 팔리도록 한다.

생각해 봐. 어떤 사람이 흑백 텔레비전을 가지고 있는데, 이 사람은 정서가 대단히 안정(요즈음에는 이렇게 안정된 사람을 무딘 사람이라고 비웃더라만 그것도 시대 정신의 표현이겠지.)되어서 신문에, 라디오에, 텔레비전에 아무리 컬러 텔레비전이 좋다고 선전을 해도 움찔을 않는다면 어떨까? 그리고 이런 사람이 한두 사람이 아니라 수십만, 수백만, 수천만이라면 어떨까? 아마, 리모컨으로 채널을 돌리는 컬러 텔레비전은커녕 수동으로 채널을 돌리는 컬러 텔레비전도 팔 수 없을 거야. 그런데 이 사람이 정서가 대단히 안정되었다는 것은 무엇을 뜻할까? 자기의 현재 상태에 만족을 느끼고 새로운 욕구에 쫓기지 않고 있다는 뜻이지. 이제까지 주어진 것만으로도 만족한다, 나에게 더 필요한 것은 없다, 이렇게 생각하는 사람에게 어떻게 새로운 상품을 팔아먹겠니?

자본주의 사회는 시베리아에서 얼음을 팔고, 뜨거운 하와이에서 난방 기구를 파는 한이 있더라도 새로운 것을 자꾸 만들고 팔아야 유지되는 사회야. 새로운 것을 팔려면 옛 것은 없애 버려야지. 그런데 옛 것을 강제로 없앨 수는 없거든. 스스로 없애 버리도록 해야지.

예를 들어, 요즘은 집집마다 리모컨 텔레비전을 가지고 있잖아. 그런데 그것을 산 사람 가운데는 굳이 리모컨 텔레비전이 필요하지 않은 사람도 많아. 손만 뻗으면 채널을 바꿀 수 있을 만큼 좁은 단칸방에 살거나, 회전식 손잡이가 달린 멀쩡한 텔레비전을 가진 사람들도 옛 것을 버리고 새로 사기도 했어. 원래 리모컨은 공간이 아주 넓어서 텔레비전 채널을 바꾸고 싶을 때마다 많이 움직여야 하는 사람들을 위해서 만든 거야. 그런데 손만 뻗으면 사방 벽이 닿을 정도로 좁은 데 살면서도 멀쩡한 텔레비전을 수동식이라고 버리고 리모컨 텔레비전을 들여놓는 사람들이 많이 있었어. 이런 사람이 한겨울 시베리아에서 얼음을 사는 사람과 뭐가 달라? 모든 사람들이 하나같이 무조건 '새 것은 좋은 것'이라는 미신에 사로잡혀 물건을 사면서 만족을 느끼는 '쇼핑 환자'로 바뀌고 있으니 정말 큰일이다.

우리 나라 사람들은 수천 년 수만 년을 두고 불러 온 겨레의 노래, 민중의 노래를 가지고 있어. 그런 문화 전통이 없는 미국 사람들이 우습게 보일 만큼. 그런데 왜 겨레의 노래, 민중의 가락은 우리의 귀에 설고 팝송 가락만 귀에 익을까? 그리고 유행가 가운데도 훌륭한 우리 전통이 있는데 왜 요즘 다시 일본의 뽕짝 가락이 되살아나는 것일까? 게다가 뽕짝은 본래 조선 땅에서 생긴 것이라는 엉터리 같은 수작을 늘어놓는 일이 생기는 것일까?

겨레 정기를 되찾자고 부르짖는 것은 아니야. 나는 미국 유행가 팝송이라고, 또 일본식 유행가 뽕짝이라고 모두 나쁘다고 생각하지는 않아. 그런 노래가 그 나라 사람들 정서에는 건강한 영향을 미칠 수 있으리라는 것도 당연히 인정해.

그렇지만 나래야, 우리가 미국이나 일본에 빌붙어서 그 사람들의 말을 우리말로 받아들이는 것을 바람직한 일이라고 생각하지는 않잖아? 하기야 길거리에 나서면 여기가 어딘가 싶게 온통 말도 안 되는 미국말, 영국말, 일본말, 프랑스말을 본뜨거나 흉내낸 간판들이 상점마다 오색 등불 아래 어지럽게 반짝이니까 이런 말도 그다지 떳떳하게 내세울 형편이 못 된다마는.

어쨌거나 우리는 우리말의 질서에 맞는 겨레의 노래를 부르고, 민중의

노래 전통에 바탕을 둔 노래, 우리의 정서를 들뜨게 하는 것이 아니라 안
정시켜 주는 노래, 그래서 오래오래 부를 수 있는 노래, 너와 나, 네 자식
까지 함께 부를 수 있는 노래를 더 좋아해야 하지 않겠니?

—아비가

④
아빠와 나
우웅

1
사람은 돈,
돈을 많이
벌어야 하느니!

2
돈이 그렇게나
중요한
것이었슴까?

3
고럼! 돈이
없으면 사람
구실 못 하는 게
요즘세상!

4
누구는 가난을
예찬하는
책도 쓰던데...

5
그게 다 돈 없으니까
하는 개수작이야!

6
돈 없는 게
좋은 거라면서
책은 왜 만들어
팔아먹겠냐?
듣고 보니
과연!

7
근데 돈 벌기
귀찮으니
아빠가 벌어서
나한테 물려줘요~

8
나두 자식 덕에
호강 한번 해 보자!
FIN.

내 가난 타령 들어 볼래?

나래야.

언젠가 신문을 봤더니, 어떤 정당에서 열여덟 살만 되면 선거권을 갖도록 하자는 주장을 했더라. 그 주장대로 선거법이 고쳐진다면 아마 나는 바로 투표할 자격을 갖게 될 거야. 난 너보다 한 해 늦게 학교에 들어갔으니까.

그러고 보니 그 동안 우리가 지나치게 어린아이 취급을 받은 것 같아. 우리 외할아버지는 열다섯 살에 장가를 가서 그 나이에 벌써 어른 노릇을 하고, 이웃들도 다 그러려니 했다는데 말이야. 그리고 우리 할머니는 열여섯 살에 큰아버지를 낳았는데, 동네에서 길쌈을 가장 잘하는 새댁으로 소문이 자자했다는군. 언젠가 너 농담처럼 이야기했지? 춘향이는 네 나이에 이 도령과 이별하고 옥중에 있었고 어쩌고 말이야. 나에게는 그 말이 조금도 이상하게 들리지 않아. 내 초등 학교 동창 중에는 벌써 시집 가서 애를 둔 동무도 있거든.

그런데 어른들은 왜 우리를 어린애로만 여기는 걸까? 옛 어른들은 일찍 철이 들었는데 요즈음 사람들은 늦되어서 그럴까? 그건 아닌 것 같아. 신문에 나는 보도를 믿자면, 요즈음 청소년들이 옛날 청소년들에 견주어 훨씬 더 몸이 빨리 자란다고 하잖니? 그러니까 "키 큰 사람치고 싱겁지 않은 사람 없다."는 옛말 말마따나 어른들 주장에 따르면 "몸이 일찍 숙성한 사람치고 일찍 철든 사람 없다."고나 해야 할까?

언젠가 시골 사는 노총각이 장가 못 간 것을 비관해서 자살했다는 기사 본 적 있지? 시골에 처녀가 동이 난 것은 분명한 사실이래. 시골 살림이 워낙 힘들고 제 입에 풀칠하기도 힘들어서 군식구 하나라도 줄이려고 시골 처녀들이 모두 도시에 있는 공장으로 빠져 나갔으니까. 하지만 따지고 보면 시골 어른들의 의식 탓도 있는 것 같아. 시골에서는 열다섯 살만 넘으면 제 앞가림은 제가 해야 한다고 생각하거든.

나도 시골에 그대로 있었으면 아마 지금쯤 시집을 갔거나 공장에 다니고 있을지도 몰라.

너 송효순이라는 사람이 쓴 《서울로 가는 길》이라는 책 읽어 봤니? 친척 오빠가 권해서 빌려 보았는데, 참 대단해. 그 언니는 초등 학교밖에 나오지 못했지만, 행동거지와 생각하는 품이 어지간한 어른보다 훨씬 더 나은 것 같았어. 나도 고생이라면 누구 못지않게 했다고 생각하지만, 그 언니가 고생한 데 견주면 새발의 피야. 이 책 안에 '순희 언니'라는 글이 있는데, 난 그 글을 읽고 그만 펑펑 울고 말았어.

몸을 던져 가면서 열심히 살려고 노력했지만, 결국은 가난의 굴레를 벗지 못하는 '순희 언니'의 이야기는 아프고 서럽지만 남의 이야기 같지 않았어. 나래, 너는 아마 잘 모를 거야. 나는 가난이 어떤 것인지, 가난이 뭔지 너보다는 잘 알고 있어. 가난은 나에게는 아주 친숙한 삶이거든. 이제부터 내 가난 타령 좀 들어 볼래?

가난은 우선 무엇보다도 늘 배가 고픈 거야. 우리 동네에는 공장 다니는 사람들이 많은데, 한 달 내내 열심히 일해도 날마다 허덕거리면서 살아. 월급날 아예 라면을 한 상자 사 놓았다가 월급 받고 일 주일 뒤부터는 라면으로 끼니를 때우는 사람이 셀 수 없이 많아. 아예 끼니를 거르는 사람도 다섯 사람 가운데 한 사람 꼴은 된대. 너, 굶어 본 적 있니? 먹기 싫어서 안 먹는 것하고 배가 몹시 고픈데도 못 먹는 것하고는 뿌리부터 아주 달라.

또 가난은 영하 15도가 넘는 추운 겨울 밤에 연탄불을 피우지 못해 찬 방에서 새우잠을 자야 하는 거야. 이튿날 일어나면 온몸이 뻣뻣해지고 얼굴이 부숭부숭 부풀어오르지. 그리고 그 다음 날은 하루 종일 오한에 시달리는 거야. 한 사람이 사는 데 필요한 최소한의 실내 공간은 두 평이라던데*, 너도 알고 있니? 가난은 한 사람이 살아도 비좁을 두 평 공간에서 네 명이 살아야 하는 거야. 너 '칼잠'이라는 말 아니? 그것은 바닥에 등을 바로 대지 못하고 모로 자는 것을 뜻해. 공간이 비좁으니까 몸을 옆으로 칼처럼 세운다고 해서 그런 이름이 붙은 거야.

가난은 나도 모르게, 또는 알아도 어쩔 수 없이 몸에 병을 얻게 되고 그것을 키우는 것을 뜻해. 순희 언니 이야기는 특별한 이야기가 아니야. 그저 정도가 좀 심할 뿐이야. 너 잘사는 사람들보다 가난한 사람들이 약국이나 병원에 가져다 바치는 돈이 훨씬 더 많다는 거 알고 있니? 가난한 사람들은 굶기를 밥 먹듯이 하고, 몸을 돌보지 못하고 살기 때문에 몸의 저항력이 아주 약해져 있어. 그래서 어떤 병이나 쉽게 감염되는 거야. 그렇지만 어지간한 병에 걸려도 처음에는 돈이 아까워서 그대로 내버려 두지. 나빠질 대로 나빠져서 더 이상 손쓸 수 없을 지경이 되어야 약국이나 병원을 찾아. 그러니 이래저래 약국이나 병원에 갖다 바치는 돈이 엄청날 수밖에.

가난은 또 온 가족이 꼭두새벽부터 밤늦게까지 일해도 입에 풀칠하기 어려운 거야. 너 '흥부가'에서 놀부에게 내쫓긴 흥부 내외가 품팔이하는 장면 기억하니? 흥부 마누라는 디딜방아 찧어 주기, 술집 가서 술 거르기, 초상난 집 제복 짓기, 대사난 집 그릇 닦기, 굿하는 집 떡 만들기, 시궁발치 오줌 치기, 한 되 받고 벼 훑기와 반 되 받고 아이 보기, 추운 날은 김장하고, 더운 염천 밭매기, 무명 삼베 삯 길쌈, 혼인 잔치 상 잡기…… 이런 온갖 일에 품을 팔고, 흥부는 흥부대로 이월 동풍에 가래질하기, 삼사월에 부침질하기, 일등 전답 김매기, 이 집 저 집 이엉 엮기, 궂은 날에 멍석 맺기, 담 쌓는 데 자갈 줍기, 대장간에 풀무질, 이 들 저 들 모를 심고 이 집 저 집 보리 타작, 세 푼 받고 뒷간 치기, 두 푼 받고 흙짐 지기, 한 푼 받고 빗자루 매기……. 이렇게 사시장철 밤낮으로 일해도 굶는 날이 태반이었다는 이야기 말이야.

또 가난은 가정 불화와 타락을 뜻하기도 해. 못 먹고, 못 입고, 못 배우니까 자식들은 자연히 부모를 원망하게 되고, 부모는 부모대로 여기서 눌리고 저기서 짜부라들어 억하심정이 있는데다 자식놈들까지 무시하니 견딜 수가 없어서 폭발하고…….

우리 아빠 살아 계실 때, 어머니와 아빠는 사이좋기로 소문이 났대. 그런 우리 집도 두 분 사이에 목소리가 높아지는 일은 종종 일어났더랬어. 부모가 싸울 때는 당장이라도 집을 뛰쳐나가고 싶은 것이 자식 마음 아니겠니?

그리고 가난은 무지와 편견을 뜻하기도 해. 가난한 집 아이들은 아주 뛰어난 머리나 남들보다 굳건한 의지를 타고난 경우가 아니면 남들보다 공부를 잘하기가 힘들어. 우선 공부할 환경이 되어 있지 않기 때문이야. 또 집안 형편이 어려우니까 진학할 생각보다는 취직할 생각부터 하게 돼. 공장에 들어가서 하루 종일 일에 매달리다 보면 자고 싶은 생각뿐이야. 책 같은 것은 살 돈도 없지만 무엇보다 읽을 시간이 없어. 그러니까 가난한 사람들이 도리어 자기들을 가난에 빠뜨린 정부를 지지하는 웃지 못할 일도 생기는 거지. 보는 거라고는 텔레비전밖에 없으니 그럴 수밖에.

한 마디로 말해서 가난은 죄야. 그렇지만 가난한 사람들의 죄는 아닌 것 같아. 게으르게 살기 때문에 가난한 것이라고 말하는 사람들도 있지만 그건 잘못된 거야. 우리 나라에서 가난한 사람들만큼 부지런한 사람 있으면 손 들어 보라고 해, 몇이나 되는지 세어 보게. 첫 새벽을 여는 사람도 가난한 사람들이고, 가장 늦게까지 일을 하는 사람도 가난한 사람들이야. 우선 부지런히 몸을 놀리지 않으면 살 수가 없는걸.

나래야.

가난이 무엇인지 이제 알겠니? 그렇지만 아직 이야기하지 않은 것이 있어. 그건 가난이 수모와 천대를 참아 내는 것을 뜻한다는 거야. 넌 아마 가난한 사람들이 가난하기 때문에 겪어야 하는 서러움을 알 수 없을 거야.

우리 사회가 민주화된다는 것은 가난한 사람이 없는 사회가 되는 거야. 가난은 곧 범죄거든. 지금 감옥에 있는 사람들 가운데 열의 아홉은 가난한 사람들일 거야. 가난은 무지와 편견을 뜻하니까. 가난은 타락과 인간성 상실을 뜻하니까. 그리고 가난은 무엇보다도 굶주림과 헐벗음과 질병을 뜻하니까.

사람이 사람답게 사는 사회를 만들려면, 가난을 이 사회에서 몰아 내고 다시는 발을 붙이지 못하도록 해야 한다는 것이 내 생각이야.

—민주가

---

*2000년에 건설교통부가 발표한 최저 주거 기준에 따르면 한 사람에게 필요한 면적은 12㎡(3.6평)이다.

⑤
아빠와 나
우일

나 공부하느라
몸이 축나니
한약을...
뭐시?!

나도 못먹는
한약을 니가
찾는단 말이냐?

공부하는 게 뭐가
힘드냐! 아빤
니 나이에 공부도
하며 돈도
벌었다!
진짜요?

아빠의
청소년
시절 →
흔들 흔들
? 흠
흠-

야!
거기 꼬마!
힉!
...
있는 돈
다 내놔라!

저, 저 돈
없는데요...
뭐야?!

나오면
1원에 1대씩이다!
엉- 엉-
크악
퇫!

저런!
공부하랴
돈 벌랴 참
힘드셨겠어요!
고럼!
고럼!
FIN.

너희들이 고통 속에서 단단해지고 슬기로워진 것처럼

민주야.

오늘 나 순옥이 만났어.

너 기억하니? 중학교 3학년 때, 우리 반 맨 앞줄에 앉아 있던 주근깨 많은 애 말이야. 점심 시간마다 어디론지 사라져서 보이지 않던 그 순옥이. 처음에는 그 애 말대로 집이 학교 가까이에 있어서 집에 가서 점심을 먹고 오는 줄로만 알았잖아. 나중에 누군가 학교 뒤 솔숲에 쭈그리고 앉아 있는 순옥이를 보고 난 뒤에야 우리 모두 그 애가 점심 싸 올 형편이 되지 않아서 그랬다는 것을 알게 되었고.

참, 그리고 보니, 너 순옥이하고 친했지? 순옥이도 너처럼 공부를 잘했는데 집안 형편이 어려워서 인문계 고등 학교를 갈까, 종합 고등 학교를 갈까 망설인다는 말을 니가 해 줬잖아.

내가 순옥이를 어디서 만났느냐고? 외삼촌네 다녀오는 길에 가리봉동에서 만났어. 난 보자마자 알아봤는데, 순옥이는 처음에는 날 못 알아봤는지 그냥 지나치려고 하더라. 그래서 "순옥아, 너 순옥이 아니니? 나, 나래야.” 하고 아는 척을 했지. 그런데 순옥이 얼굴이 묘하게 일그러지는 거야. 반가움과 낭패스러움이 섞여서 아주 어색하게 웃는 순옥이 얼굴을 상상해 봐. 무조건 가까이 있는 빵집으로 끌고 갔지. 처음에는 안 들어가려고 그러더라. 그렇지만 너도 알다시피 내가 눈치 하나는 끝내 주잖니.

“나 오늘 용돈 두둑하니까 염려 마. 그렇지 않아도 얼마 전에 실연해서 누구에게든 하소연하고 싶던 참인데, 마침 잘 됐어. 너라면 내 심정 이 해해 줄 거야.”

어쩌고저쩌고하면서 막무가내로 끌고 들어갔지. 그러고 보니까 아직 너한테도 말을 안 했구나. 내가 실연한 사연 말이야. 뭐, 우습다고? 아니 야. 이번에는 심각해. 너도 알잖아? 내가 좋아하던 안경 낀 그 가수. 네가 늘 놀렸잖아. 그 사람이 우리 나라를 떠난다고 해서 내 마음이 상당히 심 각한 상처를 입었으니까 실연했다고 할 만도 하지.

순옥이도 평소에 내가 얼마나 엉터리였는지 아니까 곧 마음이 풀어진 것 같아. 들은 이야기도 있고 해서,

“너 요즈음에도 공장에 다니니?”

이렇게 대놓고 물었지. 그랬더니 고개를 끄덕이데. 무슨 봉제 공장에 다 닌다고 했어.

“참, 오늘은 한글날*이니까 쉬는구나.”

했더니, 씩 웃고 고개를 젓더라. 밤새 일하고 오는 길이래. 가리봉동에 있 는 봉제 공장 가운데 무슨 ‘○○날’ 에 노는 곳은 거의 없대. ‘○○절’ 에도 놀지 않는 곳이 많다는 거야. 그러니까 ‘어린이날’ 이나 ‘부처님 오신 날’ 에 일하는 것은 당연하고 ‘개천절’ 이나 ‘제헌절’ 같은 날에도 일하러 나 와야 한대.

너 저번에 나에게 가난 타령을 들려준 적이 있지? 그 때는 네 편지를 받

고도 가난이 무엇인지, 가난한 사람들이 어떻게 살아가는지 건성으로밖에 이해할 수 없었어. 그런데 순옥이 이야기를 들어 보니까 정말 눈물이 비 오듯이 쏟아지더라. 민망해서 혼났어.

민주야.

순옥이의 말을 듣는 동안 나는 점점 부끄러워져서 나중에는 쥐구멍에라도 들어가고 싶어졌어. 순옥이가 자기 또래 여자 노동자들의 간절한 소망은 "잠이라도 한번 실컷 잤으면……", "하루라도 마음놓고 푹 쉬었으면……" 하는 아주 소박한 것들이래. 그런데도 이루어질 가망이 거의 없다는 거야. 순옥이가 바라는 것도 그런 소박한 것들이야. 순옥이는 그 날, 부모 잘 만난 덕에 자기보다 훨씬 공부를 못하는데도 고등 학교에 진학한 철부지 친구에게 교과서에서는 절대 배울 수 없는 것을 가르쳐 주었어. 팔자 좋은 집안에서 태어나 아무 근심 걱정 없이 살고 있는 나를 깨우쳐 주려고 밤샘 작업으로 곧 쓰러질 것 같은 몸을 곧추세우고 있었던 거야. 마치 네가 나에게 네 가난한 삶의 이야기를 들려주고 내 잠자는 의식을 일깨워 주려고 종종 밤을 꼬박 새워야 했던 것처럼 말이야.

"눈물 젖은 빵을 먹어 보지 못한 사람은 인생의 맛을 모른다."는 말이 있지? 난 순옥이를 만나고 나서야 처음으로 전에 네가 했던 이야기, 생활비가 없어서 끼니를 거를 수밖에 없는 노동자들도 있다는 말을 몸으로 느낄 수 있었어.

그러고 보면 나는 얼마나 철부지인지 몰라. 난 말이야, 너같이 가난한 동무들은 어쩌다 보통 사람들의 삶에서 벗어난 존재라고만 생각했어. 그리고 지난번에 네가 길게 써 보냈던 가난 타령이 조금은 궁상맞다고까지 생각했어. 하지만, 이제는 알아, 내가 틀렸다는 걸.

순옥이가 다니는 봉제 공장은 모든 생산품을 모두 수출하는 업체라고 해. 이익도 아주 많이 나는 품목이래. 순옥이와 헤어져서 돌아오는 길에 '이제까지 우리 아버지가 나를 교육시켜 주신 걸로 믿었지만 그것이 아니구나. 따지고 보면 순옥이 같은 내 동무들이, 동생과 언니들이 세계에서 가장 긴 시간 동안 부지런히 일(우리 나라는 세계에서 가장 노동 시간이 길고 강도가 높을 뿐만 아니라 여자 노동자들이 남자 노동자들보다 더 오랫동안 일한대. 평균 노동 시간**은 일 주일에 54.3시간이지만 순옥이 같은 경우는 80시간이 넘을 때도 많다고 하더라.)해서 내 학비를 대 주고 있는 것이구나.' 하는 생각이 내 머릿속을 떠나지 않았어.

너, 우리 중학교 3학년 때 역사 선생님 말씀 기억나니? 우리가 교과서에서 배우는 것은 지도를 읽는 방법에 지나지 않는다고 자주 말씀하셨잖아? 그리고 지도 읽는 법을 배우는 것은, 현실이라는 더 크고 훌륭한 교과서를 바로 알고 이해하기 위한 것이라고. 또 그런 말씀도 하셨지. 아무리 정확하게 잘 그린 지도라도 지도만 보아서는 산꼭대기에 올라가는 지름길이 어디 있는지 알 수가 없다고. 왜냐하면 산자락을 밑변으로 삼고 산꼭대기를 꼭지점으로 삼아 자를 대고 수직으로 내리긋는 선이 현실에서 지름길이 될 수는 없으니까. 그리고 지름길은 그 길을 걷는 사람의 나이, 건강 상태, 신체 조건에 따라 저마다 달라질 수 있으니까. 그런데 우리는 지금 그나마 부정확하고 잘못 그려진 지도를 가지고 공부하기 때문에 그 지도를 보고 길을 찾아 나서자고 들다가 현실에 부딪히면 아무리 길눈이 밝은 사람이라도 길을 잃기 십상이라는 말씀도 하셨어.

오늘에야 비로소 나는 몇 해 동안 사회 교과서에서 배운 것보다 너와 순옥이 덕분에 사회를 훨씬 더 많이 알게 됐다는 것을 알았어. 너와 순옥이가 있어서 우리의 앞날은 밝아질 것이라고 생각해.

너희들이 고통 속에서 단단해지고 슬기로워진 것처럼 나도 고통을 두려워하지 않는 용기를 갖도록 앞으로도 계속 도와 줘.

—나래가

[*]1991년 국무회의에서, 법정 공휴일이었던 한글날을 기념일로 낮추었다. 이 글을 쓸 무렵에는 아직 한글날이 법정 공휴일이었다.

[**]2001년 한국 노동자의 평균 노동 시간은 일 주일에 55.1시간으로 OECD 국가 가운데 최고를 기록했다. 남성 노동자는 56.4시간, 여성 노동자는 51.5시간이었다.
2003년 상반기 한국 노동자의 평균 노동 시간은 일 주일에 45.6시간이다.

⑥ 아빠와 나   우왕

아들아! 뭐가 고민이냐?

어떻게 하면 개성있는 인간이 될 수 있을까 생각하고 있었습니다.

개성있는 인간이 되고 싶으면 우선 학교 공부나 잘 하거라! 10등안에도 못드는 게!

10등 안에 들면 개성있는 인간이 될 수 있는 거죠?

3등 안에.
FIN

꼭 같은 것보다 다 다른 것이 더 좋아

나래야.

오늘은 우리 아파트를 둘러싸고 있는 담에 대해 같이 생각해 볼까? 네가 아주 어렸을 때 이 아파트로 이사했으니까 너에게는 우리 아파트 담이 아주 자연스럽게 여겨질 거야. 그러나 담이 없는 곳에서 살다 온 아버지에게는 처음에 이 담이 여간 불편한 것이 아니었다.

너도 곧잘 놀리듯이 이 애비는 원래 촌놈이 아니냐? 촌에는 마을을 둘러싸고 있는 울타리가 없어. 그러니까 아무리 작은 마을이라도 길이 여기저기로 뚫려 있는 거야. 뒷산에 나무하러 갈 때는 판술이네 마당을 가로지르면 되고, 한여름에 미역감으러 갈 때는 오복이네 대밭을 끼고 논두렁길로 나서면 되고, 벌레간*에 가서 동무들과 뒹굴고 놀려면 한 참봉네 돌담을 끼고 동백나무 숲을 건너지르면 되고, 장터에 가려면 당산나무가 서 있는 동구 밖으로 나서면 되고……. 대개 이런 식이었단다.

그런데 어느 날, 마을에 울타리를 두르면서 길이라고는 동구 밖으로 나 있는 신작로 하나밖에 안 남게 된다고 생각해 봐. 먼 산에 가서 푸나무를 한 짐 잔뜩 해 가지고 내려오던 판술이 아버지가 코앞에 자기 집을 두고도 한참을 더 낑낑거리면서 돌아가야 한다면, 그 마음이 어떻겠니? 들에서 볏짐을 지고 오던 순임이 아버지가 평탄한 동구 밖 길을 따라 마을에 들어오지 못하고 산모롱이를 한참이나 돌아 고샅길로 들어서야 한다면 말이다.

그런데 우리 아파트에 사는 사람들은 누구나 그런 불편을 겪고 있는 셈이야. 우리가 사는 곳에서 시내에 나가는 버스가 서는 정류장까지 가장 빨리 가는 지름길은 옛 마을이 있는 샛길로 빠져 나가는 길이거든. 하지만 그것은 우리 아파트에 담이 없을 때나 가능한 이야기야. 너도 거기에 오래된 마을이 있다는 것은 철조망 너머로 보아 알고 있을 거야. 하지만 어떤 사람이 살고 있는지, 또 마을에 작은 골목길이 얼마나 많은지, 또 원래 길이었던 곳이 새 집이 들어서면서 어떻게 막히게 되었는지는 잘 모를 거야. 아니, 거기에 그런 마을이 있다는 사실조차 평소에는 까맣게 잊어버리고 있을걸?

생각하면 이상하고 우습지 않니? 우리 집과 가장 가까운 곳에 있는 마을이 그 사이에 가로놓여 있는 담 때문에 가장 먼 곳이 되어 버리고, 그 담이 가까운 길을 가로막고 있기 때문에 먼 길로 돌아다니게 된 것이나, 이사 오기 전부터 거기에 담이 있었다는 사실 때문에 아파트에 사는 주민 모두가 그것을 자연스러운 것으로 받아들이고 아무런 불평도 하지 않고 살고 있다는 거 말이야.

이 아비는 너만 한 나이에 러시아 소설에 푹 빠진 적이 있단다. 톨스토이나 도스토예프스키 같은 작가의 작품도 좋았지만, 다른 어떤 작품보다도 이 아비의 마음을 사로잡았던 소설은 보리스 파스테르나크라는 작가가 쓴 《의사 지바고》라는 소설이었다. 그 소설을 읽고 난 뒤에 이 아비의 마음 속에 자리잡게 된 가장 큰 소망은 눈 덮인 러시아의 대평원에 가 보는 일이었지. 제국주의 일본의 가혹한 식민 통치 밑에서, 무릎꿇고 살기를 거부한 많은 우리 조상들이 살 곳을 찾아 이리저리 떠돌아다니던 길, 주린 배를 움켜쥐고 겨울 바람에 휘청거리면서 줄지어 흰 발자국 남긴 길, 때로는 한 손에 총 들고 눈보라 일으키면서 말 달려가던 길, 그리고 차르의 전제 정치에 맞서 헤아릴 수 없이 많은 러시아 농민들이 마가목 열매보다 더 짙은 선홍색 피로 눈 쌓인 우랄의 산과 들을 물들이던 곳. 의롭게 살려다 비명에 죽어 간 조상들의 피를 머금고 그 살로 뿌리를 살찌웠던 풀 한 포기, 나무 한 그루, 소중하지 않은 것이 없는 내 땅 역시 눈이 시리도록 이뻐 보이지만, 그래도 막막한 눈의 세계 러시아는 잠들 때마다 꿈 속에서 나를 손짓해 부르고는 했다.

그러나 그 뒤 서른 해 가까이 살면서 이 꿈은 휴전선이라는 담벼락에 수없이 부딪히고 또 부딪혔다. 그러는 동안 피 흘리고 멍들고 너덜너덜해진 채 찌들고 때묻은 모습으로 내 마음 속 어두운 구석에서 더 어두운 구석으로 기어들어갔다. 그리고 이제는 언제 그런 꿈이 있었냐는 듯이 이따금 흐릿한 윤곽만을 드러낼 뿐이지.

그래, 휴전선은 넓은 대륙으로 가려는 우리의 발길을 가로막고 있어. 문하나 없이, 어리친 강아지 새끼 한 마리 드나들 수 있는 개구멍 하나 없이 우리를 통째로 가두어 버렸지. 이 세상에서 가장 높고 긴 감옥의 담벼락이다. 그러나 평소에 우리는 우리 겨레가 나아갈 길을 가로믹는 이 원수 같은 담벼락을 의식하지 못한 채 살고 있어. 우리에게는 기차로 하루면 가닿을 수 있는 만주 벌판과 블라디보스토크가 비행기를 타고도 종일 날아야 하는 대서양 저편의 런던이나 태평양 건너 로스앤젤레스보다 더 멀다.

마치 나래 너에게 담으로 가로막힌 아랫동네가 광화문보다 더 멀게 느껴지듯이 말이다.

　나래야, 어쩌다 이야기가 이렇게 곁가지를 치게 되었다만, 오늘 너와 나누고 싶었던 이야기는 겨레 분단의 비극에 관한 것이 아니다. 이 문제는 언젠가 다시 이야기할 기회가 있겠지. 이 아비는 우리 아파트를 가둬 버린 담벼락을 보면서, 학교 교육의 틀 속에 옴짝달싹할 수 없이 갇혀 버린 너희들의 소망, 너희들의 의식, 너희들의 재능, 너희들의 꿈……, 그래, 너희들의 삶 전체에 대한 안타까움을 느꼈다.

　나도 마찬가지였지만, 너희들도 십 년 넘게 동무들과 함께 꼭 같은 책상과 꼭 같은 의자에 앉아, 꼭 같은 칠판에 쓰여진 꼭 같은 내용을, 모두가 꼭 같은 공책에 적어 꼭 같이 공부하고, 꼭 같이 나누어 받은 꼭 같은 시험 문제로 꼭 같이 평가받았다.

　그러나 살아 있는 것은 하나도 꼭 같은 것이 없어. 하다못해 서울 운동장의 축구장에 깔린 잔디잎들마저 꼼꼼하게 들여다보면 하나도 꼭 같은 것은 없어. 우리 아파트 뒷산 솔숲의 소나무 잎사귀도 자세히 견주어 볼라치면 하나도 꼭 같은 것은 없어. 너희들도, 너희들 가운데 일란성 쌍둥이라 해도 모두 다르지.

　어떤 녀석은 초등 학교 다닐 때부터 궁둥이가 함지박만 해서 손바닥만한 걸상이 못처럼 궁둥이에 박혀서 이리 비비적 저리 비비적거리고 선생님 하는 말은 귀넘어듣다 보니 나중에는 갈 데 없는 열등생이 되어 버리기도 했을 것이고, 어떤 녀석은 아무리 먹어도 자라지 않아, 쑥쑥 자란다는 콩나물을 열심히 먹어 봐도, 더 빨리 자란다는 죽순을 먹어 봐도 마냥 그 모양이라 속을 썩기도 하겠지. 또 하늘에서부터 키를 재면 겨우 일등을 해 볼까 하는데, 그나마 맨 앞자리는 선생님한테 잘 보이려는 놈들이 차지해 버려서 앞에 앉은 놈 겨드랑이 사이로 칠판을 쳐다보려니 반은 베끼고 반은 지나치다가 공부에 취미를 잃어버린 놈도 있고, 어떤 녀석은 나무에 기어오르거나 코 잡고 물 속에 오래 있기 시합을 하면 자기를 당해 낼 사람이 없다고 속으로 으스대는데, 학교에서 시키는 뜀박질에는 젬병이라 체육 시간만 되면 죽을상이 되기도 하지.

이렇게 살아 있는 너희들은 생명체이기 때문에 모두 다르다. 얼굴 생김새김, 몸매, 신체 기능에서부터, 좋아하는 것, 갖고 싶은 것, 먹고 싶은 것, 하고 싶은 것, 하기 싫은 것이 저마다 다르다.

나래야.

너는 이 다르다는 것이 얼마나 좋은 일인지 아마 잘 모를 것이다. 도리어 다르다는 것은 나쁜 것이고, 따라서 남다른 짓을 한다는 것은 중뿔난 짓이고 저 잘난 체하는 짓이고, 못된 짓이라고 생각할지 모르겠다. 하기야 꼭 같은 아파트 건물에서 꼭 같은 분유를 먹고 꼭 같은 딸랑이를 흔들면서 자라고, 꼭 같은 모자를 쓰고 꼭 같은 옷을 입고 유치원에 들어가, 꼭 같은 춤과 꼭 같은 노래를 배우고, 초등 학교에 들어가면 꼭 같은 책상과 꼭 같은 걸상에 몸을 의지하고 꼭 같은 교과서를 꼭 같은 시간에 꼭 같이 펼쳐들고 선생님이 해마다 꼭 같이 가르치는 꼭 같은 교과 내용을 앵무새처럼 꼭 같이 외우면서 자라 왔으니까. 그리고 초등 학교에서도, 중학교에서도, 고등 학교에서도 꼭 같은 교과서에서 내는 꼭 같은 시험 문제에, 틀리는 답은 얼마든지 있지만 맞는 답은 모두에게 꼭 같이 하나밖에 없다고 배우고, 거기에 의심을 품거나 따르지 않는 학생에게는 열등생 낙인을 찍어 사람 대접을 하지 않았으니까.

우리들이 그랬던 것처럼 너희들도 남과 달리 생각하고, 남과 달리 행동한다는 것을 두려워하는 것은 당연한 일이겠지.

실제로 이 땅을 일제가 내리눌렀던 식민 통치에서 벗어나고 난 뒤 반 세기가 지난 오늘까지도 우리들 가운데 많은 사람들이 꼭 같은 생각과 꿈을 강요하는 교육을 자연스럽게 받아들이고 있는 것은 바로 우리의 의식이 기계처럼 되어 버렸기 때문이 아니겠니?

그런데 이렇게 기계처럼 되어 버린 의식을 가지고는 삶에서 부딪히는 갖가지 도전에 바로 대응할 수가 없어. 아까 너에게 다르다는 것은 좋은 거라고 이야기했지? 그럼 지금부터 나하고 '사고 실험'을 한번 해 볼래? 내가 말하는 '사고 실험'이라는 것은 머릿속에 현실과는 다른 어떤 상황을 가정해 놓고 그 상황에서 어떤 일이 벌어질 것인지 그려 보는 거야.

자, 먼저 인류의 유전 형질이 모두 똑같다고 생각해 보자. 그러면 모두가 판에 박은 듯이 꼭 같은 생김새가 될 거야. 생김새가 꼭 같으니까 우리는 이 사람과 저 사람을 구별할 수가 없게 될 텐데, 그렇게 되면 어떤 일이 일어나게 될지 한번 상상해 봐. 남편과 아내의 구별은 물론이고 부모와 자식의 구별도 없어지게 될 거야. 그러면 우리가 의지하는 모든 도덕 규범은 죄다 무너져 버리고 말겠지. 그런데 그보다 더 큰 문제는 하나의 유전 형질로 꼭 같아진 인간은 이 지구에 살아남을 수가 없다는 것이지.

인류가 계속 살아남기 위해서 이제까지 온갖 도전에 맞서서 싸워 왔다는 것은 너도 알고 있지? 질병과 싸워 온 것을 예로 들어 보자. 이 세상에는 헤아릴 수 없이 많은 질병이 있는데, 그 가운데 어떤 질병에 특히 저항력이 강한 사람이 있고, 약한 사람이 있어. 그 까닭은 체질이 다르기 때문이야. 물론 그 밖의 다른 까닭도 있지만. 다시 말하면, 이 질병에는 이런 유전 형질을 가진 사람이 더 저항력이 강하고 저 질병에는 저런 유전 형질

을 가진 사람이 더 저항력이 강하다는 거야. 그러니까 질병과 관련된 것만
보더라도 이 세상에는 클레오파트라 같은 미녀만이 아니라 네 아비같이
못생긴 사람도 있어야 조화롭고 넉넉하게 살 수 있다는 거지. 조금 어렵게
말하면, 이 세상에는 인류가 이제까지 이겨 내 온 것만큼이나 많은 도전이
있고, 그 도전에 맞서 살아남으려면 되도록 서로 다르고 차이가 있는 유전
형질을 지니는 것이 좋다는 것이지. 유전 형질에 따라 얼굴 모습이나 몸매
가 달라지는 것이라면, 이 아비의 얼굴이 이처럼 희한하게 생긴 것도, 너
를 비탄에 빠뜨리고 있는 그 오리 궁둥이도 다 인류의 미래를 위해서는 굉
장한 뜻이 있다는 거야.

이처럼 하나하나마다 품고 있는 바탕이 서로 달라야 이 세상에서 살아
남을 수 있는 것이라면, 본래 바탕에 따라서 저마다 다른 능력, 취향, 소
망, 재주에 따라 가르치고 배우는 것이 가장 바람직한 교육 아니겠니? 불
행하게도 지금 우리의 교육 현실은 바람직한 방향과는 반대로 나아가고
있는 것 같다. 아파트에 울타리를 두르듯이, 자유롭게 뻗어 나가야 할 학
생들의 재능을 학교와 교실과 교과서라는 이중 삼중의 울타리로 가두어
놓고, 한 귀퉁이에 만들어 놓은 비좁은 문 하나로 빠져 나오는 것만이 바
른 길이라고 가르치고 있으니 말이다.

우리가 교과서에서 배우는 것들 대부분은 실제 삶 속에서 겪으면서 배
우는 것에 견주어 보면 참으로 보잘것없는 것이다. 그런 점에서 나에게는
공부 못하는 너와 너희 반 친구들이, 공부 잘하는 다른 반 아이들보다 더
소중하게 여겨진다. 꼴찌 반 아이들만 가지고 있는 터질 것 같은 생명력,
얌전히 따르지 않고 여기저기 기웃거리는 끊임없는 호기심, 그 아이들만
이 가지고 있는 고민, 이런 것들이 사실은 너희들을 너그럽고 성숙하게 만
들어 준다. 너 언젠가 이 아비에게 그렇게 말했지? 이번 학기 성과 가운데

가장 큰 성과는 시험만 보면 꼴찌를 도맡아 해서, 너희 반을 일등으로 만들겠다고 큰소리치던 담임 선생님을 겸손하게 만들어 드린 것이라고 말이야. 아무튼 너희 학년 가운데 너희 반 아이들이 가장 사이가 좋고, 소풍을 가면 별별 희한한 재주를 다 부려서 사람들을 웃긴다지? 그러고는 마침내 자율 학습, 아니 네 말대로라면 타율 학습이지, 아무튼 그 지긋지긋한 시간을 당당히 거부하는 데 앞장섰다는 이야기를 듣고는 너희들이 일등 반 아이들보다 훨씬 더 소중한 진짜 공부를 하고 있다는 생각이 들었다.

나래야.

사람들이 갈라지는 것은 서로 다르기 때문이라고 생각하기 쉽지만, 사실은 모두 꼭 같아서 갈라지기 쉽다는 것을 알아야 해. 다르기 때문에 통일된다는 것을 잊지 말아라. 획일은 통일이 아니야. 우리는 꼭 같은 것을 한 자리에 모아 놓고 통일이라고 하지는 않으니까 말이다. 통일은 서로 다른 것들이 따뜻하게 주고받으면서 조화롭게 하나를 이루는 것을 뜻한다. 그러니까 서로 다른 여럿이 없으면 통일도 없는 거지. 획일은 다른 것을 받아들이지 않지만, 통일은 다른 것을 다른 것으로 존중하는 데서 출발한다는 점이 달라.

일등만 인정하고 꼴찌는 인정하지 않는 교육 제도를 잘못됐다고 하는 까닭은, 학교에서 배우는 것만이 세상의 바른 길잡이라고 믿을 근거가 없기 때문이야. 사람들이 하는 말 가운데 '학교 일등은 사회 꼴등'이라는 이야기도 있지 않니? 지식만 널름널름 받아먹는 우등생들은 남의 마음을 헤아리지 못하고 '자기의 이득'이라는 좁은 세상에만 살아서 사회 관계, 인간 관계에서 꼴등이 되기 쉽다는 말이야. 모두를 이겨야 할 경쟁 상대로 보면서 따뜻한 인간 관계를 만들기는 힘들겠지.

나래야, 사람은 혼자 살 수 있는 생명체가 아니란다. 네가 아침 저녁으로 먹는 음식, 몸에 걸친 옷가지, 먼 길을 갈 때 타는 교통 수단……. 이 모든 것을 다른 사람이 너에게 베풀기 때문에 네가 살아갈 수 있는 거야. 그러니까 더불어 사는 길을 찾는 게 교육의 궁극 목표 가운데 하나라는 것을 잊지 말았으면 해.

공부에서는 비록 꽁무니가 되더라도 인간 관계에서는 일등이 되거라. 지나친 욕심이냐?

—아비가

---

*양지바른 무덤가에 소복하게 풀이 돋아난 곳. 넓고 평평해서 아이들이 놀기 좋다.

아빠와 나
우일
아빠!
남자답다는 건
뭘까요?

반대냐?
씩씩하고
힘이 센 건
옆집
말숙인데
…

씩씩하고,
씩씩하고

말숙이냐?
응.

힘이세고,
힘이세고,

그렇다면 남자인
넌 여자답고
여자인 말숙인
남자다운 거네?
정답!

뭐 그런
것이지!
어?
나랑
반대네?

정답이냐?!
어머나!
FIN

여성다움의 덫

민주야.

우리 아버지 잘 알지? 무협 소설 나부랭이를 밤새워 읽고 만화라면 열 일 제쳐 놓는 철학 교수 말이야. 아버지가 몇 해 전에 어떤 여성 잡지에 '여자는 남자답게, 남자는 여자답게'라는 제목으로 글을 쓴 적이 있어. '여자는 여자답게, 남자는 남자답게'가 맞지 않느냐고? 그렇게 생각하는 건, 우리 아버지 말씀에 따르면 신비화되고 길들여진 '여성다움'의 덫에 사로잡혀 있기 때문이래. 그런 생각을 가진 사람들이 있으니까 남자들이 자동차나 오디오 제품을 선전하는 데 곁다리로 벌거벗은 여자를 끼워 넣는 파렴치한 짓을 당연한 것으로 여기게 된다는 거야. 내가 너무 흥분했나?

아무튼 우리 아버지가 쓴 글을 소개하자면 이런 거야.

우리는 흔히 여자는 여자다워야 한다고 생각하잖아? 얌전하고, 상냥하고, 걸음도 조심스럽게 걷고, 고분고분하고, 알뜰하고, 다소곳하고, 조용조용하게 말하고, 웃을 때도 소리 내지 않고. 시집 가기 전에는, 어떻게 하면 훌륭한 남자를 만나서 행복한 가정을 이룰까? 가구는 어떤 것으로 장만할까? 아이를 낳으면 모유로 기를까, 우유로 기를까? 어떻게 하면 알뜰살뜰하게 집을 꾸밀 수 있을까? 온통 이런 생각만으로 머릿속을 가득 채우고, 시집을 가면 무조건 남편을 하늘같이 모시고 시부모를 비롯해서 시집 식구 눈에 벗어날 일은 하지 않고, 출가외인이라는 말을 마음에 새겨 결혼하기 전 친구들과는 인연을 끊은 채 남편 친구의 부인들을 새로운 친구로 알고 살고. 어차피 옛말에도 있듯이 여자란 어렸을 적에는 아버지를 따르고 시집 가서는 남편을 따르고 나이 들면 아들을 따라야 하는 법, 혹시 중학교, 고등 학교 다닐 때 드러난 재능이 있었더라도, 열심히 공부해서 사회에 이바지할 능력을 갖추었더라도 바깥일은 '바깥양반'에게 맡기고 '집사람', '안사람' 역할을 충실히 해야 하는 것이 여자의 도리고……어쩌고저쩌고.

이런 생각을 가슴에 고이 간직하고 있는 여자들이 이 땅에 셀 수 없이 많은데, 이런 가치관은 남자 위주의 가부장 사회가 여자에게 덮어 씌운 멍에라는 거야.

'여자로 태어났기 때문에' 여자에게만 주어지는 온갖 차별 대우를 어쩔 수 없이 받아들여야 한다고 생각하는 사람들도 많아. 그렇지만 정말 여자의 생물학적 특징이 차별의 근거가 될 수 있을까? 아니, 그렇지 않아! 우리는 여자로 태어났기 때문에 천대받고 멸시당하는 것이 아니야. 가부장 사회가 어려서부터 우리를 부당한 차별에 맞서지 못하게 기르고 또 길들였기 때문에 천대와 멸시를 당연한 것으로 알고 있는 것뿐이야.

예를 하나 들어 볼까? 돌이 지나서 걸음마를 갓 익힌 아이들이 뜀박질을 좋아하는 것은 너도 알지? 뜀박질을 처음 하는 아이들은 곧잘 넘어지잖아. 그래서 무르팍이나 콧잔등을 깨기 일쑤지. 그런데 뜀박질하다 코를

깬 아이가 남자냐 여자냐에 따라 어른들 입에서 저도 모르게 튀어나오는 말이 달라져. 남자아이일 때는 넘어져서 울더라도 "사내 녀석이 그까짓 일로 울다니. 얼른 벌떡 일어서!" 하고 스스로 일어서기를 기다리지만, 여자아이일 때는 얼른 뛰어가서 안아 일으키면서 "쯧쯧, 계집애가 얌전히 걷지 못하고 선머슴애처럼 덤벙대니까 넘어지지. 자, 자, 뚝! 예쁜 아이는 울지 않지?" 하고 감싸는 게 보통이야. 그러니까 남자들은 어렸을 때부터 '남자답게' 행동하도록 강요받고 여자들은 '여자답게' 처신하도록 길러 지는 거지.

어디 부모들뿐이니? 학교 문턱을 넘어서자마자 남자들이 남자 위주로 만들어 놓은 교과서와 교육 제도가 성 차별을 더 굳게 하지. 먼저 교과서 에 나오는 남자들은 기술자에서 대통령에 이르기까지 모든 직종에 걸쳐 있는데, 여자들은 간호사, 교사, 농부, 노동자, 상인 정도가 고작이야. 그 나마 여자가 직업을 가지고 사회 활동을 해야 한다고 강조하는 곳은 눈 씻 고 봐도 찾기 힘들어. 넥타이를 메고 사무실에서 일하거나 작업복 차림으 로 공장에서 일하는 아버지와, 먼지털이를 들고 집 안 청소를 하거나 부엌 에서 앞치마를 두르고 요리를 하는 어머니로 남자와 여자의 역할을 나누 고 정해 놓았어. 민주야, 이것이 무엇을 뜻하는지 알겠니? 한 마디로 사회 의 생산 노동은 남자의 몫이고 가정의 좁은 울타리 안에서 이루어지는 가 사 노동은 모두 여자의 몫이라는 말이야.

지금 네 책상에 꽂혀 있는 교과서 가운데 아무거나 뽑아서 한번 눈여겨 살펴봐. 국어든, 도덕이든, 사회든, 실과든 어디에서나, 남자는 여자보다 더 어른스럽고 이성적이고 의젓하고 생각이 깊고 여간해서는 감정에 휩쓸 리지 않는 모습으로 그려 놓고, 이런 특성 때문에 훌륭한 인물이 된 것으 로 되어 있어. 어머니가 부엌에서 칼을 들고 반찬을 만드는 동안 텔레비전

앞에서 신문을 펴 들고 느긋하게 앉아 있는 아버지의 모습이 몹시 자연스러워서, 이런 그림을 문제삼는 것 자체가 이상하게 여겨질 거야. 그런 남자에 견주어 여자는 어떤 모습으로 그려지지? 아무리 훌륭한 여자라도 스스로를 앞장세워서는 안 되는 것으로 되어 있어. 남자의 그늘 아래서, 남자의 훌륭함 뒤에서 자기의 미덕을 간접으로 드러내는 것이 고작이지.

어진 어머니, 착한 아내가 되는 것은 여자가 따라야 할 최고의 목적이라는 봉건 시대의 가부장 사고 방식이 숨김없이 드러나는 장면을 우리는 한석봉의 어머니나 신사임당 이야기 같은 데서 또렷하게 보게 돼.

옛날 속담에 "여자와 그릇은 밖으로 내돌리면 상하기 마련."이라는 게 있잖아. 얼마나 어처구니없는 속담이니? 하기야 옛날 중국에서는 여자가 집 밖으로 나돌지 못하도록 어려서부터 발을 친친 싸매서 제대로 걷지도 못하게 했대. 그리고 우리 나라는 여자가 사는 안채를 사람이 드나드는 문에서 가장 먼 곳에 만들어 여자를 집 안에 가두어 놓으려고 했지. 그러니까 남자를 '바깥어른'으로, 여자를 '안사람', '부엌데기'로 자연스럽게 부르는 우리의 말 버릇은 여자를 폭력으로 지배해 온 남자들의 문화에서 생겨난 것이라고 볼 수 있는 거야.

민주야.

얼마 전에 우리 집에 외할머니가 오셨어. 내가 통 공부를 안 한다고 엄마가 야단치니까 외할머니가 뭐라고 하신 줄 아니? "여자는 시집 잘 가서 좋은 남편 만나 살림 잘 하고 애나 잘 키우면 된다."고 하시더라. 외할머니 말 속에 여자에 대한 우리 사회의 잘못된 생각이 고스란히 들어 있는 거야. 고추를 달고 나오지 못했다고 태어나는 순간부터 축복받지 못한 여자애는 '섭섭이'나 '딸그만이' 같은 이름을 갖게 되고, 자라면서는 참고 희생하는 것을 미덕으로 배워 결국에는 남자에게 자신의 삶을 송두리째 맡기고 살아야 하지. 그리고 남자들을 위해 허드렛일을 하고 자식들 뒤치다 꺼리를 하면서도 남자들이 상을 물린 뒤에야 부엌 바닥에 쭈그리고 앉아서 찌꺼기 음식을 먹는 것을 당연히 여겨야 했던 거지.

옛날에는 그랬을지 모르지만 지금은 아니라고? 천만에! '바깥일' 곧 사회적 생산 활동은 '바깥양반'이 맡고, '집안일' 곧 '가사 노동'은 '안사람'이 맡는다는 잘못된 생각 때문에 지금 이 순간에도 사회적 생산 노동을 하는 많은 여성 노동자들이 불이익을 당하고 있어. 현재 우리 나라 경제 활동 인구 가운데 여자가 차지하는 비율이 40퍼센트*쯤 된대. 많은 문제를 안고 있기는 하지만 우리 나라 경제가 이만큼이나 발전한 것은 여성 노동자들의 힘이라는 이야기를 들은 적이 있어. 그런데도, 몇 해 전에 노동부에서 발표한 것을 보니까, 근무 조건이나 승진 기회 따위에서 여성 차별이 두드러진다는 거야. 너 우리 나라 노동자의 노동 시간이 세계에서 가장 길다는 거 알지? 또 여성 노동자의 노동 시간이 남성 노동자의 노동 시간보다 더 긴 나라도 우리 나라뿐이라잖니.

다른 나라 여성 노동자들의 노동 시간이 남성 노동자보다 짧은 데에는 까닭이 있대. 다른 나라 남자들이 특별히 여자를 아끼는 마음이 커서 그런 것이 아니라, 모성을 보호해서 다음 세대의 노동자를 건강하게 낳고 기르게 하기 위해서라는 거야. 여자들은 건강에 해로운 작업장에서 일을 하지 않도록 법으로 보장받고, 생리 휴가와 출산 휴가를 얻을 수 있고, 기업주는 직장에 탁아소와 유아원을 반드시 마련해야 하고. 실제로 그렇게 하는 나라도 많대.

그런데 우리 나라는 어떻지? 우리 나라 기업가 가운데 공장에 탁아소를 마련하고, 아이를 갓 낳은 여성 노동자에게 젖 먹일 시간을 따로 내주고 있는 사람이 있다는 이야기는 거의 들어 보지 못했어. 도리어 자기 이익을 높이려고 '여성의 미덕'을 철저히 이용하는 사람들도 있지. 여성 노동자 가운데 혼자 힘으로 가족의 생계를 떠맡고 있는 사람이 많다는 것을 뻔히 알면서도 어차피 가계를 책임지는 건 남자고, 여자는 시집 밑천을 장만하거나 아이들 과자값이나 벌려고 직장에 다닌다고 떠들어 대지. 그러니까 여자는 남자가 받는 임금의 절반도 못 되는 임금을 받아도 상관 없고, 또 여자에게는 생산 노동보다 더 중요한 가사 노동의 의무가 있기 때문에 결혼을 하고 아이를 가지면 탁아소를 마련해 달라고 요구하는 대신 집으로 돌아가야 한다는 거야.

여성 노동력을 헐값에 사들이고, 필요하지 않을 때는 언제든지 내쫓을 수 있다는 가부장제 기업 윤리는 바로 남자와 여자의 성 차별, 즉 남자와 여자는 할 일이 따로 있다는 역할 분담의 신화에 바탕을 두고 있대. 남자는 사회 노동을 맡고, 여자는 가사 노동을 책임져야 한다는 그릇된 역할 분담론 말이야.

핵가족이라는 사회의 구성 단위는 자본주의의 발달과 더불어 나타난 거야. 핵가족 안에서는 여자에게 아무런 보수 없이 가사 노동을 맡길 수 있으니까 자본가는 노동자의 노동력을 헐값으로 사들일 수 있다는 거야. 만일에 밥하고, 빨래하고, 아이들 키우고, 청소하고, 시장보는 이 모든 일을 돈을 들여서 한다면 거기에 지불해야 할 돈이 어마어마할 거야. 이 일은 모두, 단 하루라도 그냥 넘어갈 수 있는 게 아니잖아. 그렇다면 자본가는 노동자에게 여기에 필요한 돈을 따로 주어야 하는데, 여자가 가사 노동을 맡아서 그 돈을 절약하게 되었다는 거지.

만일 지금 당장이라도 이 땅의 어머니들이 총파업을 해서 가사 노동을 거부한다면, 자본가는 현재 부리고 있는 노동자나 미래의 노동자인 어린 애들을 돌보는 데 지금보다 몇 곱절이나 더 큰 돈을 써야 할걸! 그러니까

가사 노동이 무상으로 이루어지는 가정을 끊임없이 미화해서 사람들 의식 속에 '즐거운 나의 집'이라는 생각을 집어넣고 입에서는 저절로 "즐거운 곳에서는 날 오라 하여도 내 쉴 곳은 작은 집 내 집뿐이리." 같은 노래를 흥얼거리게 만드는 것이지. 자본가들에게는 훨씬 비용이 적게 드는 일이니까. "남자는 배, 여자는 항구" 어쩌고 하는 노래 가사는 밖으로 떠도는 남자와 항구처럼 기다리는 순수한 여인상을 그리는 것처럼 보이지만 결국은 여자의 일자리는 집 안에 있다는 신화를 널리 퍼뜨리는 것일지도 몰라.

이렇게 말하니까 내가 마치 모든 남자를 같이 살 수 없는 원수로 알고 너 죽고 나 살기로 싸워 무찌르자는 이야기처럼 들릴지 모르겠다만, 그것이 아니라는 것은 누구보다 네가 잘 알 거야. 사실 난 남자들이 좋으니까 말이야. 하하하! 우리 이제부터 이렇게 커다랗게 웃자. 여자라고 해서 맨날 입 가리고 조그맣게 "호호호" 해서야 되겠니? 그리고 사실 말이지 "호호호" 하고 웃는 여자가 어디 있니? 다 가부장 의식에 사로잡힌 사람들이 억지로 꾸며 낸 웃음소리지.

우리 선생님들까지도 그렇게 강조하는 '여성다움'이라는 것이 이 땅의 여자들을 두고두고 불이익을 받도록 강요하는 가부장제의 산물이라면, 그 따위 '여성다움'은 얼른 떼어 내 버리는 것이 낫지 않을까? 또 '남성다움'이 남자로 하여금 심리적으로나 물리적으로 여자를 멸시하고 천대하고 억압하고 착취해서 남성들 스스로 이득을 누리는 도구로 쓰인다면, 그런 '남성다움'도 하루 바삐 이 땅에서 몰아 내야 하겠지. 남성 자신을 위해서도 그것은 꼭 필요해. 여성들이 성 차별을 당하고 있다면, 여성들과 같이 어울려 사는 남성들도 그런 억압에서 자유로울 수 없거든. 같이 망하는 거지.

참된 '여성다움'과 '남성다움'은 '사람다움'이 바탕이 되어야만 남녀가 평등하고 자유롭게 만나 아름다운 꽃으로 피어날 수 있을 것 같아. 남자라고 해서 꼭 남성다워야 하고, 여자라고 해서 꼭 여성다움을 고집해야 하는 거니? 사람 따라 조금씩 차이는 있지만 사람은 태어날 때부터 모두 한 몸에 '여성다움'과 '남성다움'을 함께 지니고 태어난다는 거야. 그러니까 '무뚝뚝하고, 우락부락하고, 씩씩한' 사내아이와 '상냥하고, 새침하고, 깜찍한' 여자아이만 바람직하다는 것은 그릇된 생각이라는 이야기지. '무뚝뚝하고, 우락부락하고, 씩씩한' 여자아이와 '상냥하고, 새침하고, 깜찍한' 사내아이도 그에 못지않게 소중하다고 생각해.

우리 아버지 말에 따르면 만일 사내아이가 씩씩하기는 하지만 덤벙대기만 할 뿐 조심성이 없다면, 그리고 이 '조심성'이라는 특질이 '여성다움'에 속하는 것이라면, 그 사내아이 안에 숨어 있는 '여성다움'을 일깨워 주는 것이 부모나 이웃이나 사회의 의무라는 거야. 또 만일에 여자아이가 섬세하고 예민하기는 한데 좀더 확실하게 자기 주장을 내세우지 못하고 늘 어물어물 꽁무니를 사린다면, 적극 자기 주장을 펴는 것이 '남성다움'에 속한다면, 그 여자아이 안에 숨어 있는 '남성다움'을 일깨워 주어야 한다는 거지.

내가 이런 이야기하니까 마치 우리 집이 페미니스트 소굴인 것처럼 생각될 텐데, 그렇지 않아. 적어도 우리 아버지만은 가부장 의식을 떨쳐 버린 사람처럼 여겨진다고? 천만에! 우리 아버지가 어릴 때 나를 보고 혼잣말로 무어라고 하셨는지 아니? 글쎄, 날 두고 "이 녀석은 사내아이로 태어났으면 딱 좋을 텐데!" 하시는 거야. 한두 번이면 말도 않겠다!

아무리 그럴듯하게 이야기하는 남자라 해도 남자는 남자야. 남자 위주의 가치관이 지배하는 사회에서 남자들에게는 편리하기 짝이 없는 남존여비 사상을 남자들이 쉽사리 버릴 것 같아?

여성 해방의 주체는 바로 우리 여자들이야. 여성 해방 어쩌고 하면 거부

반응을 느끼는 사람들이 많던데, 여자가 해방되어 남자와 평등한 위치에 설 때 비로소 남자도 가부장 이념에서 벗어날 수 있어. 이렇게 해서 여자는 억압받고 빼앗기는 대상에서 벗어나고, 남자는 억압하고 빼앗는 것을 그만두면서 인간 해방의 길을 함께 열어 갈 수 있다는 사실을 알면 생각이 바뀔 거야.

민주야.

우리가 어른이 되었을 때 남자들이 억압하고 착취하는 권리를 '남성다움'의 이름으로 행사하지 않고, 여자들이 남성의 억압과 착취를 '여성다움'의 이름으로 고분고분 받아들이지 않는, '사람다움'이 충만한 세계가 열리도록 함께 애쓰지 않을래?

—나래가

[*]2000년에 스위스 국제 경영 개발원에서 조사한 결과를 보면 한국의 여성 노동자는 전체 노동자의 40.24퍼센트이다. 여성 노동자의 비율이 높은 순서대로 봤을 때, 조사 대상 국가 45개국 가운데 한국은 32위다.

⑧ 아빠와 나

우일

너도 나 처럼
남자다운 모습으로
여자가 따르게
만들어라!

그냥 제가
여자를 따르면
안 될까요?
무씬!

바보같은 소리!
자고로 여자란
남자를 따라야
하는 법!

하지만 그런 건
진정한 사랑이
아니라던데...

진정한 사랑 좋아
하시네! 그런 건
여자들의 헛소리야!

어휴~ 내가
태어난 건 완전
기적이었다 니깐...
......
FIN.

나는 네가 없으면 못 살아

나래야.

네 아비는 지난 일요일에 주례를 섰다. 네 엄마와 함께 주례 선생님 앞에 섰던 때가 엊그제 같은데, 벌써 주례 설 나이가 되었구나 싶어서 울적하기도 하더구나. 하지만 각별한 부탁이라 거절할 수가 없었단다. 예식장으로 가면서 네 엄마와 혼례를 올리던 날 생각을 하노라니까 웃음이 절로 나더라.

그 때는 어찌나 가난했던지 네 엄마에게 예물을 사 줄 돈이 없었어. 그래 고심하던 끝에 놀랄만한 생각을 해 냈지. 엄마가 처녀 때 무슨 상으로인가 받아서 손가락에 끼고 있던 헌 돈찌리 순금 반지를 빼 달라고 해서 금은방에서 십사금으로 바꾼 거야. 그러고는 반지 위쪽에 글자를 새겨서 다시 돌려 줬으니 정말 놀라운 생각이지? 뭐? 그런 치사한 짓이 어디 있느냐고? 조금 더 들어 봐.

네 엄마와 아비는 셋집 마당에서 혼례식을 가졌는데 초례상을 볼작시면 그야말로 가관이었지. 동네 가게에서 빵 상자를 빌려다가 마당 한쪽에 쌓은 뒤에, 벽장 미닫이문 두 짝을 뜯어다 얼기설기 상자 위에 얹고, 문짝 위에다 모조지를 덮어 소박한 잔칫상을 만들었으니까. 대학 시절의 지도 교수를 모셔 오고 가까운 친척 몇 분, 직장 동료 몇 사람 불러 놓고 식을 올리는데, 신부가 하도 덜렁대고 설치는 바람에 혼인 잔치가 온통 웃음바다가 되었단다. 모인 사람들이 모두 즐거워하고 아직 시집 장가 안 간 처녀 총각 가운데 자기들도 혼인할 때 집에서 이렇게 조촐하게 식을 올리겠다고 하는 사람도 나서기에 한껏 우쭐해하기도 했어. 네 외할머니가 "비라도 왔으면 어쩌려고 그 고집은…… 쯧쯧쯧." 하고 혀를 차면서 꾸짖으시던 모습도 아직 생생하구나.

네 아비가 이번에 주례를 섰던 사람들도 처지가 비슷한 분들이야. 다른 점이 있다면 네 아비가 장가들고 엄마가 시집 올 때 지녔던 마음가짐보다 훨씬 더 미덥고 듬직한 마음을 가진 신랑 신부였다고 할까? 그런 자리에 선 것이 처음이어서 얼마나 얼떨떨했던지, 두 사람을 앞에 세워 놓고 무슨 이야기를 했는지 자세히 기억나지도 않는구나. 하지만 대체로 다음과 같은 이야기를 한 것 같다.

도시에 사는 사람치고 저 먹을 것을 제가 가꾸는 사람은 없다. 저 입을 옷을 제가 지어 입는 사람도 거의 없고, 제가 사는 집을 몸소 짓는 사람도 드물다. 의식주에서부터 우리가 살아가는 데 보탬이 되는 거의 모든 것이 남의 손을 빌려 나에게 오고, 나도 땀 흘리면서 일을 해서 그 가운데 일부분을 만들어 낸다.

이런 깨우침과 더불어 '너 없이는 못 살아.'로 표현되는 한 사람에 대한 사랑은 '당신들이 없으면 우리는 살 수가 없소.' 하는 무리에 대한 사랑으로 발돋움하고, 일하는 동료들에 대한 이러한 사랑은 오랫동안 헤어져 살아온 겨레에 대한 사랑으로, 또 한 걸음 더 나아가서 억압과 착취, 전쟁과 소외에 시달리는 인류에 대한 사랑으로 번져, 온 인류가 자유롭고 평등하고 평화롭고 서로 돕는 사랑의 공동체를 이루고 살 때까지 점차 넓어져 간다.

일 속에서 맺어진 이 두 사람은, 이제 온 세상을 모두 함께 살아갈 사랑의 공동체로 만들 싸움을 시작한 셈이다. 말하자면 이 두 사람은 사랑의 전사라고 할 수 있다. 이 사람들이 벌이는 싸움, '혼자는 못 살겠으니 같이 삽시다.' 하는 지극히 자연스러운 감정에서 출발해서 이웃을 하나로 묶고, 겨레를 하나로 뭉치고, 드디어 온 인류를 하나로 엮을 성스러운 싸움에 다 같이 힘을 보태자.

지나치게 애매한 이야기였을까? 그랬을지도 몰라. 그러나 나래야, 네 아비는 사랑이 결코 한 사람과 다른 한 사람 사이의 독점은 아니라고 생각한다. 유행가를 들어 보면 보통 사랑 타령인데, 유행가의 사랑이라는 것이 대체로 젊은 연인이 우연히 만나고 덧없이 헤어지는 내용이 아니더냐? 만나서 느끼는 사랑의 기쁨은 한순간에 지나지 않는데, 헤어지고 난 뒤에 남는 '사랑의 상처' 는 영원하다는 식이지. 그러나 어쩌다 만나서 이런저런 사연으로 헤어지는 사랑 이야기가 사랑의 본질을 제대로 표현하고 있는지는 잘 모르겠어. 왜냐하면 남자와 여자가 오직 서로 사랑으로만 맺어져야 한다는 것은 옛날에는 없었던, 어디까지나 요즘의 생각이거든.

예를 들어 돌아가신 네 할아버지는 열다섯 살에 조랑말을 타고 정씨 집안에 장가를 들었는데, 혼례를 올릴 때까지 신부 얼굴을 한 번도 본 적이 없었거든. 그러니까 네 할아버지나 또 그 위 할아버지 때는 '눈이 맞아서' 같이 사는 일은 아주 드물었을 뿐만 아니라 큰 흉이 되는 일이었고, '살아가면서 정이 드는' 것이 자연스러웠어. 그렇다고 이런 낡은 결혼 형태가 반드시 좋다는 뜻은 아니야. 다만 네 할아버지 때의 혼인 풍습에도 건강한 부분이 있다는 것이지. 사랑이란 두 사람이 살아가면서 가꾸고 길러야 할 어떤 것이지, '한눈에 반한' 사람에게 한순간에 생겨나는 것은 아니라는 사실을 보여 주는 점이야. 오늘날 누구나 중얼거리는 유행가 같은 사랑 타령은 실제로 진정한 사랑이 없는 현실을 보여 주고 있는지 몰라. 계산에 의존하고 감각에 맡겨진 남녀 관계가 어찌 멀쩡한 관계라고 할 수 있겠니?

유행가의 사랑 타령은 사랑의 본뜻을 은근슬쩍 비틀고 싸구려 감상을 덧칠해 사랑의 본질을 감춰 버린단다. 수백, 수천 년을 두고 우리 조상들이 불러 온 민요와 달리, 유행가는 사람들 사이에 파고들어 끊임없이 새 것만 찾도록 정서의 흥분 상태가 이어지게 해. 낡은 것은 이미 유행에 뒤진 것이고 버려야 할 것, 헤어져야 할 것이고, 새 것과 만나는 일은 늘 가슴 설레는 일이라는 것이지. 상품도 새 상품이 좋은 것처럼 인간 관계도 새로운 관계가 마음을 움직이고. 옛날 어떤 교수가 《가자, 장미 여관으로》 어쩌고 하는 책을 내면서 주장한 것이 바로 "싫증나면 계속 새로운 인간 관계를 가지면서 계속 놀자."는 것이었어. 결국 새 것을 계속 찾다가 같이 망하자는 것이지.

가사에서는 가슴 아픈 것처럼 그려져 있지만 실제로 이별을 노래하는 유행가 곡조가 그처럼 감미로운 것은, 사랑하던 사람과 헤어지는 것이 낡은 물건을 버리는 것과 비슷하기 때문이라고 말하면 지나친 것일까? 생각해 보렴. 정말 서로 사랑한다면 밖에서 억지로 떼어 놓지 않는 한 어떻게 헤어질 수 있으며, 만일 그런데도 헤어진다면 그 비통함이 우리의 가슴을 후비지 않고 어떻게 달콤한 가락으로 우리 가슴에 젖어들 수 있겠니?

유행가의 본질은 유행이 지난 것은 아무리 쓸모 있는 것이라도 나쁜 것이고, 새로 유행하는 것은 아무리 쓸모가 없는 것이라도 좋은 것이라는 환상을 사람들에게 심어 주는 데 있어. 사람들이 안정하지 못하고 끊임없이

들떠서 새로운 것을 사고 싶어하는 욕구가 자꾸만 커져야만, 상품 경제 사회가 잘 돌아갈 테니까 말이야. 이런 점에서 유행가에 나오는 사랑 타령은 진정한 사랑의 본질을 드러내는 것과는 거리가 멀다고 할 수 있어. 헤어질 것을 먼저 내세우는 사랑이 진짜 사랑이 될 수는 없지.

프랑스 소설가 생텍쥐페리는 《어린 왕자》에서 "사랑한다는 것은 관계를 맺는 것"이라고 이야기했어. 관계를 맺는다는 것은 오랜 세월에 걸쳐 서로 길들인다는 것을 뜻하지. 여기서 길들인다는 것은 서로에게 매달린다는 것이 아니야. 그것은, 관계를 가진 사람들끼리 서로의 본모습을 찾아가서 더 넓고 새로운 관계를 만들어 갈 당당한 자신을 찾아가는 출발이지.

사랑은 자기밖에 모르고 둘레 사람들은 생각지도 않는 마음가짐과 결코 함께할 수 없어. 개인주의와 이기심은 사람들을 낱낱이 갈라놓고 흩어 버리는데 사랑은 분열된 개인과 집단을 하나로 모으는 것이거든. 따라서 자식들에게 동료들과 겨루어 이기기를 바라는 부모들의 이기적인 사랑은 사랑이 아니라 소유욕일 뿐이야. 내 것과 네 것을 가리는 소유욕은 사랑일 수 없어. 그리고 소유욕은 자기 처지만 강요하고 뻔뻔스럽게도 자기만 옳다고 주장하지. 사랑하는 사람들 사이에 내 것, 네 것 따로 있니? 정말 사랑이 큰 부모라면 내 자식이 어디 있고 남의 자식이 어디 있겠니? 모두 다음 세대에 서로 돕고 살아야 할 이웃들이라는 생각으로, 분열의 씨앗이 될 건전하지 않은 경쟁은 애써 말리고 서로 돕는 마음을 길러 주려고 힘을 써야지.

나래야.

사랑의 본질에 대해서 잘 파악하고 있던 사람들 가운데 그리스 철학자 엠페도클레스가 있단다. 이 철학자는 우주를 구성하는 밑뿌리는 물과 불과 흙과 공기인데, 이 네 가지 요소는 사랑의 힘으로 섞이고 뭉쳐서 우주의 삼라만상을 만들어 낸다고 생각했지. 그러니까 사랑은 모든 것을 하나로 뭉치게 하는 힘이고, 미움은 모든 것을 낱낱이 흩어지게 만드는 분열의 원인이라는 거야.

좀 황당하게 들릴지 모르겠다만 네 아비는 우주의 역사를 사랑이 확장해 가는 역사라고 생각한다. 생물과 인간의 진화를 포함한 우주 진화의 역사는 질서가 고도화되는 방향으로 가고 있는데, 이 질서의 증가는 사랑의 확장에 따라 함께 늘어 간다는 생각이지. 허튼소리로 들릴지 모르니까 우주에 대한 큰소리는 여기에서 그치고, 인간의 역사로 좁혀 보자꾸나.

원시 시대 씨족들은 자기들만 사람이라고 생각하고 다른 씨족 사람들은 사람이라고 생각하지 않았던 적이 있었단다.

아니 그렇게 멀리 가지 않아도 그런 예는 얼마든지 있다. 미국 대륙에 자리잡은 백인 이주자들이 자신들의 욕심을 채우기 위해 인디언들을 사냥하기 전에 목사에게 물었다고 한다. "인디언을 죽여도 죄받지 않을까요?" 목사가 말했다지. "인디언이 사람이면 죽이지 말고, 짐승이면 죽여라." 하고 말이야. 그래서 혼인도 같은 씨족 안에서 핏줄이 같은 사람끼리 했지. 그러다 어느 시기에 이르러 이웃에 사는 씨족도 사람이라는 것을 알게 되고 이들과 혼인을 하게 되는데, 이렇게 씨족에서 종족으로 인간 사회가 넓어지는 과정에 사랑이 고리가 되었다고 보면 틀린 생각일까?

그 뒤로 종족은 민족으로 통일되고, 겨레와 겨레끼리 싸우고 미워하는 시기를 지나왔어. 그리고 지금은 비록 이해 관계와 이념에 따라 끼리끼리 모이는 것이기는 하지만, 처음에는 서로 싸우자고 내 편 네 편을 가르던 것이, 한 단계 더 나아가면서 초기 형태의 통합 국가인 유럽 공동체(EU) 같은 것을 만들게 되었지. 이처럼 씨족에서 부족으로, 부족에서 종족으로, 종족에서 민족으로, 그리고 민족에서 인류 공동체로 통합되는 과정은 인간 해방의 과정이야. 비록 겉으로는 투쟁과 갈등으로 얼룩져 있지만 그 안을 들여다보면 사랑이 점차 넓어지는 과정이라고 볼 수 있겠지.

나래야.

우리 시대 사람들은 소유에 대한 집착과 사랑을 헷갈리고 있는 것 같다. 사랑하는 사람끼리 "넌 내 거야.", "난 널 아무에게도 주지 않겠어." 하고 이야기하는 것이 조금도 이상하지 않을 정도로 사람을 '갖거나', '처리할 수 있는' 물건인 것처럼 여기고 있으니 말이야. 하기야 소유에 대한 집착을 나무랄 수만은 없지. 소유에 대한 욕구는 자신을 지키고 보존하려는 본능에서 싹튼 것인데, 원시 공동체 사회 같은 데에서 소유욕이 없었던 것은 개인이 살아남기 위한 모든 문제를 공동체가 보장해 주었기 때문이야. 상품 경제 사회에서는 소유욕이 넘쳐나다 못해 당연하게 여기고 권장까지 하여, 산이나 강에 이르기까지 제 손으로 만들어 내지 않은 것마저 제 것으로 삼고 있어. 거기에다 사랑까지도 소유하려 들지. 현대 사회 구조가 개인의 생존을 전혀 보장해 주지 못하기 때문이야. 생존을 위협받으니 그렇게 갖는 것에 집착할 수밖에.

내 것, 네 것을 가리면서 더 많이 가지려는 욕심은, 나누고 싸우고 미워하는 마음에 바탕을 두고 있다. 부처님은, "너 없이는 못 살아, 함께 살면 좋겠어."로 표현되는 사랑은, 함께 어울리고 같이 나누려는 마음에 바탕을 두고 있다는 것을 누구보다 먼저 아셨넌 분이지. 부처님은 '불국토', 곧 인간 해방이 이루어진 뒤의 인류 공동체를 떠받치는 사상의 토대는 '무소유'라고 했어. 다시 말하면 '혼자만 갖지 않는 공동 소유'가 될 것이라는 점을 일찍이 아셨으니까. 그 점에서는 예수님도 똑같지. 예수님이 "부자가 천국에 들어가기는 낙타가 바늘 구멍을 빠져 나가는 것보다 더 어렵다."고 하셨을 때, 무엇이든 혼자 가지려고만 하는 '부자'에게는 이웃에 대한 사랑이 부족하고, 따라서 사랑의 왕국인 '천국'에는 이런 사람이 발 디딜 틈이 없다는 것을 밝히신 거니까.

나래야.

너 우리 사회에서 사랑의 소중함을 가장 절실하게 느끼는 사람들이 누구인지 아니? 그분들은 소유욕이 판치는 세상에서 탐욕스러운 몇몇 사람들 손에 제 몫을 빼앗긴 채 힘겹게 살아갈 수밖에 없게 된 이 땅의 가난한 백성들이란다. 가진 것이 너무 없어서 기가 죽고 웅크린 채 살아가기도 하지만, 사람이란 서로 코를 맞대고 살을 부비면서 살아야 사람답게 사는 것이라는 것을 누구보다 잘 아는 사람들이야. 호사스러운 집에 웅크리고 살면서 담을 하늘 높이 쌓아올리고 현관에는 감시 장치까지 해서 찾아오는 모든 사람들을 의심스러운 눈으로 훑어보면서 살아가는 이들에 견주면 훨씬 행복한 거지.

따지고 보면 우리 사회에서 가장 불쌍한 사람들은 죽기살기로 '많이 가질수록 행복하다.'는 생각에 사로잡혀 있는 사람들인지도 몰라. 이 사람들은 사랑해야 할 대상과 그래서는 안 될 대상을 나누지 못한 채 거꾸로 알고 있기 때문이지. 정작 사랑해야 할 이웃은 의심에 가득 찬 눈으로 보고, 사랑하면 할수록 집착만 늘어나 스스로를 짐승처럼 만드는 욕심에 목매달고 있는 사람의 모습을 상상해 보렴.

남자와 여자가 사랑으로 뭉친다는 것은 정말 근사한 일이지. 그러나 이 소중한 감정이 식구들의 울타리 안에만 갇혀 있고 이웃에 대한 배려로 넓어지지 않으면 그것은 진짜 사랑이라고 볼 수 없단다. 사랑이란 더불어 함께 살기를 바라는 마음의 표현이지. 식구나 지역이나 겨레를 아우르면서 더 크고 넉넉한 인류 공동체로까지 넓어져서, 우리가 사는 세상을 사랑의 공동체로 바꾸려는 아름다운 힘이기 때문이야.

　이 사랑이 한 단계 더 나아가면 조그마한 풀꽃을 비롯한 생명계 전체에 대한 사랑으로 발전하고, 그 다음 단계에서는 소유에 대한 사랑과는 다른 차원에서 우주의 모든 삼라만상과 서로 친해지는 사랑이 되겠지. 너에게도, 아비에게도, 하다못해 지금은 물욕에 눈이 어두워 사랑을 잊고 사는 사람들에게도 이 사랑의 씨앗이 숨어 있단다. 그러니까 이 씨앗을 가꾸고 길러 내어 마침내 사랑의 힘이 소유의 욕심을 이겨 내어 온 인류가 무소유의 공동체 삶을 사는 날을 앞당기도록 끊임없이 사랑을 키워 나가는 것이 우리 삶의 가장 큰 목적이 되어야겠지?

—아비가

①
아빠와 나
우일
공부는 왜 해야 하나요?
대학에 가기 위해서지!

사고 싶은 거 다 사서 뭐 해요?
자랑 하지!

대학은 왜 가야 하나요?
그래야 돈을 잘 버니까!

자랑하면요?
신나잖아!

돈 벌어서 뭐 하게요?
인간답게 사는 거지!

신나면...
슥

인간답게 사는 게 어떤건데요?
사고 싶은 건 다 살 수 있지!

가서 공부나 할게요~
진작 그럴 것이지!
FIN.

우리 모두 사람답게 사는 길

나래야.

오늘 네 아비는 민주교육실천협의회에서 하는 '중·고등 학생을 위한 민주 교실'에서 강연을 했다. '참교육과 학생 권리 수호를 위한 토론회'에서 아버지 고향 자랑으로 이야기를 시작했지. 내 고향은 전라 남도 함평군인데, 함평군은 '함평 고구마 사건'으로 유명한 곳이라고 말이야. 네가 아주 어렸을 때 일어난 일이니까 아마 너도 그 이야기는 모르고 있을 거야. '함평 고구마 사건'을 짧게 이야기해 주마.

내 고향 함평은 황토밭이 많아서 예전부터 고구마 농사를 많이 시었단다. 그런데 고구마로 주정(술 원료)을 만들면서 농협에서는 고구마 농사를 권장했고 가을에 고구마를 얼마에 사들이겠다고 농부들에게 약속을 했지 뭐냐. 그래서 농부들은 열심히 고구마 농사를 지었단다. 고구마는 농부들 손에서 무럭무럭 자랐고 가을이 되자 고구마 풍년이 들었지. 농부들은 농협에 고구마를 넘기고 받을 돈을 생각하면서 마음이 뿌듯했단다. 그래서 고구마를 캐서 가마니에 담아 밭둑에 쌓아 놓고 농협에서 가져오라고 하기만 기다렸지. 그런데 웬걸! 농협이 이제 와서 고구마를 살 수 없다고 뻗대지 않았겠니? 고구마는 오래 보관하기가 힘든 곡식이란다. 서리만 맞으면 얼어서 금방 썩어 버리지. 서리 내릴 때는 코앞에 닥쳤는데 농협에서 약속을 어기고 고구마를 사지 않겠다고 하니 이 일을 어쩌니? 어떤 사람은 그대로 버릴 수가 없어서, 때마침 고구마를 사겠다는 중간 상인들에게 아주 헐값에 넘겨 버렸어. 하지만 어떤 사람은 농협에서 사겠다고 약속했으니 농협에서 사 가라고 버티는 사이에, 고구마가 모두 썩어 그냥 버리기도 했단다. 그런데 알고 보니, 농협에서 장난을 친 거야. 농부들에게 약속한 값에 고구마를 사는 대신에 중간 상인을 사이에 두고 헐값에 고구마를 사들였지 뭐냐.

농부들이 들고일어섰지. 그런데 그 때는 서슬 퍼렇던 유신 독재 시절이었어. '가재는 게 편' 이라고 정부는 사사건건 농협 편만 들고 있었으니, 농민들이 들고일어섰다고 해서 요구가 받아들여질 리가 없었지. 그 뒤로 함평군 농민들은 3년 동안 농협과 정부에 맞서 끈질기게 싸웠단다. 핍박받다 못해 병이 난 사람도 많았고, 경찰서 드나들기를 제 집 드나들 듯이 하다가 가정이 깨진 사람도 있고, 억울하게 빨갱이 누명을 쓰고 끔찍한 '사상범' 으로 몰린 사람도 있어.

결국 기나긴 투쟁 끝에 함평 농민들은 농협을 상대로 한 싸움에서 이기고 고구마값을 보상받을 수 있었단다. 그 일을 계기로 농협이 저질러 온 잘못이 낱낱이 밝혀지면서 그 당시에 전국에서 1천4백 명이 넘는 농협 직원들이 자리에서 쫓겨났다지, 아마.

그 이야기를 하고 네 아비가 함평에 있는 학다리 중학교를 나오고 학다

리 고등 학교를 중퇴한 불량 학생이었다는 사실도 털어놓았지. 네 아비가 중학교 3학년 때, 학년말 시험을 앞둔 한겨울, 눈이 펑펑 내리는 날에 가출을 결심했다고 말이야. 물론 대책 없는 내 방랑벽도 한몫을 했겠지만, 사실은 톨스토이가 쓴 성 프란체스코 이야기에 깊이 감명받았기 때문이었어. 네 아비는 그 때 프란체스코처럼 살고 싶었단다. 문둥이 몸에서 흘러 내리는 고름을 입으로 빨고, 헐벗고 굶주린 사람이 있으면 스스로 벌거숭이가 되더라도 옷을 벗어 주고, 굶주림에 까무러칠지라도 한 숟갈밖에 남지 않은 꽁보리밥을 아낌없이 내놓고 싶었지.

그러나 너도 알다시피 내 첫 번째 가출은 실패로 끝나고 말았어. 놀라운 것은 네 아비가 보이고자 하는 헌신과 봉사의 뜻을 달갑고 따뜻하게 받아들이려는 사람이 아무도 없었다는 거야. 물론 네가 늘 험악하다고 말하는 네 아비의 범상치 않은 얼굴도 한몫했겠지. 정거장에 같이 내린 할머니의 무거운 짐 보퉁이를 대신 들어 드리려고 했더니 의혹에 가득 찬 눈으로 나를 훑어보며 보따리를 꼭 끌어안고 고개를 흔들지 않나, 어느 집에 들러서 밥을 구걸하다가 없다고 하길래 "그럼 눈이 쌓인 마당이라도 쓸어 드리고 가겠습니다." 하고 말했더니, 아주머니가 싸늘한 목소리로 "어차피 밤새 눈이 쌓일 테니까 헛수고 하지 말고 빨리 나가세요." 하면서 내치지를 않나. 어디서나 의혹의 눈길로 상대조차 안 해 주려고 해서 답답하고 비참했지.

가출에 실패하고 상처받은 마음으로 집에 돌아와 일년 동안 거의 한 마디도 입을 떼지 않았지. 거의 벙어리처럼 지냈어. 다행히 내 할아버지께서 아주 생각이 깊은 분이어서 가출한 사실에 대해서 아무 말씀이 없었기 때문에 빗나가지는 않을 수 있었어. 그렇지만 한번 불이 붙은 방랑벽이 어디로 가겠니? 그 뒤로는 교실에 책가방을 내동댕이쳐 놓고 학교 뒷산에 올라가 벌렁 누워 떠 가는 흰구름을 보거나, 십 리 남짓 떨어진 강가에 나가 조개를 잡는 것으로 교장 선생님과 다른 선생님들 미움을 사고, 방학 때는 무전 여행을 떠나 학기가 시작되어도 돌아오지 않아 또 미움을 사고. 그러다 고등 학교 2학년 여름 방학이 끝날 때쯤 뒤늦게 학교에 돌아와 그 길로 아예 학교를 그만두었지.

이런 이야기를 하면서 내 이야기를 듣는 학생들더러 대학 선생한테서 무슨 강연 같은 것 듣는다고 생각하지 말라고 했어. 소싯적에 학교 생활에 정 붙이지 못하고 떠돌던 불량 학생, 문제아가 그 동안 살아오면서 생각하고 느껴 온 것 몇 가지를 털어놓는 것이니 부담 없이 들으라고 했지.

그러고는 자연은 우리의 가장 위대한 스승이라고, 학교 뒷산이나 강가나 그 밖에 무전 여행하면서 보고 들었던 온갖 자연의 모습과 소리에서 배운 것이 교과서나 선생님에게 배운 것보다 훨씬 훌륭한 공부라고, 그 때도 생각하고 있었고 지금도 그렇게 생각하노라고 말했지.

교실에서 참교육이 이루어지지 않는 한 네 아비의 이 생각은 오랫동안 바뀌지 않을 것 같구나.

그 다음에 무슨 이야기를 했느냐고? 학생들에게 "공부는 왜 하느냐?"고 물었지. 그러고는 솔직하게 대답하라고 했더니, 역시 짐작대로더라. 대학 가기 위해서 공부한다는 거야. 아이들을 나무랄 수 없지. 우리의 잘못된 사회 구조를 그대로 따르고 있는 엉터리 교육 제도 때문에 학생들이 그렇게 대답하는 것이 무리는 아니야. 하지만 배움의 참 목적이 대학에 가는 것이어서야 되겠니? 참, 나래 너한테 한번 물어 보자. 너는, 네가 학교에서 공부하는 참 목적이 어디에 있다고 생각하니? 네 아비는 우리가 공부하는 목적은 사람답게 사는 길을 찾는 데 있다고 믿어. 그래서 학생들에게 그렇게 이야기했지.

　그런데 '사람답게 사는 길'이라고 하면 너무나 막연하고 애매하게 들리지? 그러면 "어떻게 사는 길이 사람답게 사는 길이냐?"고 물을 수 있겠지. 거기에 대해서는 이렇게 대답했어. "누구나 모두 자유롭고, 평등하고, 평화롭고, 우애 있게 사는 것이 사람답게 사는 것이다." 하고 말이야. 그러면 다음에는 잇달아 "무엇이 자유고, 무엇이 평등이냐? 평화롭고 우애 있게 사는 것은 인간의 타고난 본능을 생각할 때 불가능한 것이 아니냐?" 하고 물을 수 있겠지.

　먼저 자유가 무엇인지부터 살펴보기로 할까? 본디 '자유'라는 말은, 초기 상업 자본가들이 많이 쓰면서 자리잡은 말이야. 물건을 거래하는 사람들이 적어도 자기가 가진 물건은 자유롭게 사고팔 권리를 지니고 있어야 한다는 뜻으로 썼던 말이지. '평등'이라는 말도 마찬가지였어. 불평등 관계에서는 공정한 거래가 이루어지지 않으니까 거래 상대자들 사이에 평등한 인격 관계가 먼저 이루어져야 한다는 것이었지.

　이 사람들은 또 관용의 정신을 강조했는데, 이것도 같은 맥락에서 파악할 수 있지. 자기만의 좁은 의견이나 이념에 빠져 있는 것은 장사꾼에게는 전혀 도움이 되지 않아. 이를테면 어떤 사람이 "나는 기독교를 믿고 있는데 당신은 불교를 믿고 있으니, 당신과는 거래하고 싶지 않다."고 말한다면, 우리는 "이 사람, 장사로 성공하기 힘들겠군." 하고 판단될 수 있지 않니?

　프랑스 혁명은 초기 상업 자본이 자유나 평등이나 관용이라는 말에 담았던 뜻보다 훨씬 더 많은 뜻을 이 말들에 담아 냈지. 프랑스 혁명과 더불어 우리는 "자유란 억압에서 벗어나는 것이다.", "그것은 억압에서 해방되는 것을 가리킨다." 하고 말할 수 있게 되었지. 마찬가지로 "평등이란 착취에서 벗어나는 것이다." 하고 말할 수 있게 되었어. 이 세상에 억누르고 빼앗는 사람이 있으면 그에 따라 반드시 당하는 사람이 있게 마련이야. 빼앗아 이득을 누리는 무리나, 빼앗기고 빈손으로 살아가는 무리나, 인간의 본성을 지키면서 살기 힘들어지지.

생각해 봐. 어떤 사람이 다른 사람을 자기와 꼭 같은 사람이라고 여긴다면 어떻게 그 사람을 짓밟고 그 사람이 땀 흘려 얻은 것을 가로챌 수 있겠니? 사람을 사람으로 안 보고 개나 돼지처럼 보니까 그럴 수 있지. 짓밟히고 빼앗기는 사람도 마찬가지야. 사람이 사람으로 대접받지 못하고 오랫동안 개, 돼지 취급을 당하면 '정말 나는 개나 돼지 같은 존재로구나.' 하고 굴종과 예속을 당연한 것으로 알게 돼. 그러다 스스로 자기 자신이 노예라는 생각을 지니게 되지. 한편으로는 '두고 봐라, 언젠가 너희들보다 더 떵떵거리고 사는 날이 오면 보란 듯이 앙갚음을 하고 말겠다.' 는 그릇된 생각을 갖게 되어 또 한 번 비인간화되는 거야. 이렇게 해서 빼앗는 사람, 빼앗기는 사람 모두 차갑게 자기만 챙기는 짐승보다 못한 존재로 바뀌는 거지.

이처럼 사람답지 못한 상태에서 벗어나 잃어버렸던 인간성을 되찾고 사람답게 살려면 어떻게 해야 할까? 그러려면 앞에서 이야기했듯이, 억압과 착취에서 해방되어야 하고, 전쟁의 공포에서도, 자기 이익만 챙기는 탐욕에서도 벗어나야 해. 그렇지만 이런 일에 앞장설 사람이 누구지? 모두가 사람답게 사는 길이 저절로 열리는 것은 아닐 테고.

생각해 보렴! 이 세상에서 자유를 가장 열렬히 바라는 사람이 있다면 누구겠니? 그 사람은 당연히 가장 심하게 짓밟히고 있는 사람이 아니겠니? 또 평등한 삶을 가장 간절히 바라는 사람은? 그 사람은 가장 많이 빼앗겨서 가장 헐벗은 사람이 아니겠니?

한 걸음 더 나아가서 가장 평화를 사랑하고 우애 있는 삶을 간절히 바라는 사람은? 전쟁이 일어나면 든든한 뒷배경도 돈도 없어서 맨 앞에 나가 총알받이가 될 것이 뻔한 사람은? 자기 혼자만 이익을 챙기려는 사람이 아니라, 평화를 사랑하고 다른 이와 더불어 살겠다는 사람이 공동체 삶을 가장 간절하게 바라지 않겠니? 그러면 이 땅에서 가장 많이 짓밟히고, 가장 많이 빼앗기고, 큰 전쟁의 위험에 가장 가까이 있고, 공동체 삶을 가장 간절히 바라는 사람들이 누구일까? 사회에서는? 학교에서는?

억압이 없는 세상, 착취가 없는 세상, 전쟁이 없는 세상, 저만 위하는 탐욕이 없는 세상, 이런 세상을 가장 열렬히 바라는 사람들은 우리 사회에서 노동자, 농민, 도시 빈민같이 지켜야 할 자기 것이 없는 사람들이야. 우리는 이 사람들을 '민중'이라 한단다. 그러니까 우리 사회에서 모두가 사람답게 사는 세상이 오기를 어느 누구보다 더 간절히 바라는 사람들은 오랜 세월 동안 짓밟히고 빼앗기면서 살아온 이 땅의 백성들이란다. 민중의 범위를 조금만 더 넓히면 나래 너와 한 교실에서 공부하고 있는 네 동무들은 거의가 이 민중의 자식들이라고 할 수 있어. 부모와 마찬가지로 사람답게 사는 길을 누구보다 열심히 찾아야 할 사람들이지.

네 아비가 언젠가 호피 인디언 이야기를 해 준 적이 있지? 사실 이 '인디언'이라는 말도 제국주의자들이 북미와 중남미 원주민들에게 제멋대로 붙인 이름이라 쓰기 꺼림칙하시만 일단은 쓰기로 하자. 시구 제국주의 세력이 아메리카 대륙을 '발견'하기 훨씬 오래 전에 인디언들이 아메리카 대륙을 발견했다는 사실도 염두에 두어라.

학생들에게 호피 인디언 이야기를 해 주기 전에 시험 시간에 감독이 없는 학교에 다니는 학생이 있으면 손 들어 보라고 했지. 아무도 손을 안 들더라. 조금 실망했지. "시험 감독으로 들어오는 선생님들이 그 시간에 선생으로 보여요, 간수로 보여요?" 하고 물었더니 모두들 선생으로 보이지 않고 간수로 보인다고 하더라. 자기들은 모두 죄수고. 왜 그렇게 보이느냐고 물었더니, 시험 시간에 들어가면 "호주머니에 있는 것 다 내놓아라.", "시험 볼 때는 책받침 쓰지 마라.", "고개 옆으로 돌리지 마라.", "남의 시험지 보지 마라", "남에게 시험지 보여 주면 안 된다.", "수학 문제 풀 때도 문제지 뒷장에 식을 풀도록 하고 따로 종이는 꺼내지 마라." 그러면서 온통 하지 말라는 말만 하니 간수처럼 보인다고 하더라. 학생들을 잠깐만 한눈을 팔아도 못된 짓, 범죄를 저지를 집단으로 보기 때문에 그렇게 통제하고 금지하는 것 아니냐고.

우리 교육이 대학 입시 성적을 목표로 삼고 이루어져 왔다는 사실을 인정하지 않을 사람은 없을 거야. 그리고 그 목표를 이루기 위해서 벌이는 살인 경쟁으로 학생들 몸의 건강은 물론이고 마음의 자세, 마땅히 지켜야 할 도리도 위기를 맞고 있다는 것을 알고 있어. 대학 입시를 목표로 하는 교실 어느 구석에도 '사람답게 사는 길'을 찾으려는 진지한 고민이 깃들어 있지 않다는 것은 누구보다 네가 더 잘 알고 있겠지.

호피 인디언들은 시험을 볼 때 남에게 묻거나, 남의 답안지를 보거나, 남에게 답안지를 보여 주거나 하는 일이 모두 잘못되었다는 백인 교사의 말에 반발했어. "우리는 조상들로부터 어려운 일이 있을 때는 늘 서로 의논해서 가장 좋은 길을 찾아 내야 한다고 배웠고, 그 말이 옳다고 생각한다. 시험이야말로 어려운 일 가운데 대표라 하겠다. 우리가 한데 모여 최선의 답을 찾으려는 것을 커닝이라고 못 하게 하는 당신의 명령은 틀렸기 때문에 따를 수 없다."고 말하면서 늘 서로 의논해서 답안지를 쓰고는 했단다. 네 아비는 이 호피 인디언의 이야기를 몇 번이고 되풀이해서 곰곰이 생각해 보게 된다.

나는 그 자리에 모인 학생들을 어린애로 보지 않았고, 또 어린애로 보아서도 안 된다고 생각했어. 그 자리에 모여 있는 학생들은 거의가 고등 학생들이었는데, 고등 학생들이라면 얼추 열일곱에서 열아홉 살 나이가 아니겠니? 네 할아버지는 열다섯 살에 장가를 들어 그 나이에 벌써 집안 어른 노릇을 했다고 이야기한 적 있지? 춘향이가 열여섯 살 때 이 도령을 만난 것은 판소리 사설이라 치고, 내가 아는 할아버지 가운데 조남호 옹이 계시는데, 그분이 일본에 맞서 독립 투사가 될 결심을 굳히고 만주로 떠나시던 때가 열다섯 살이었다고 들었다.

몸도 마음도 다 자란 청년들을 어른으로 대우해 주지 않는 것은 어른들의 큰 잘못이야. 적어도 고등 학교에서만이라도 학생을 어른으로 대우해 줘야 해. 그러면 학생들의 잘못을 벌하는 일도, 불필요하게 내리누르는 일도 저절로 없어지게 될 거야.

미래 세대가 민주 시민으로서 누릴 권리와 책임을 배워야 할 곳도 학교고, '사람답게 사는 길'을 찾고 제대로 된 미래를 그려 보고 그 그림에 따라 현실을 바꾸어 나갈 힘을 길러야 할 곳도 학교라면, 하루빨리 학생을 학교와 교육의 주인으로 받아들여야 해. 그렇게 되면 교육의 주인인 학생이 또 하나의 주인인 교사와 평등하게 서로 도우면서 우리 사회가 겪고 있는 어려움과 이겨 내야 할 여러 문제를 놓고 자유롭고 창의성 있는 방법으로 배우고 익힐 수 있게 되겠지. 그렇게 되도록 옆에서 거들고 돕는 것이 생각 있는 어른들이 할 일이다.

우리 세대에는 정치인 따로 있고, 경제인 따로 있고, 문화인, 예술인, 체육인 따로 있지만, 너희들이 자라서 만드는 사회는 그렇지 않기를 바란다. 그러니까 너를 포함해서 지금 자라는 세대는 모두가 정치인이고, 경제인이자 문화인이면서 예술인이요, 모두의 몸과 마음이 고르고 바르게 자라도록 움직이고 즐기는 사람이 되어야 한다. 사람다운 사람은 그 모두를 아우르는 사람이니까.

나래야.

주제 강연이 끝나고 나서 학생들이 벌이는 토론을 귀담아들으면서 너희들이 어른이 되어 사는 세상은 아빠가 사는 세상보다 훨씬 더 사람답게 살 수 있는 세상이 되리라는 확신을 가질 수 있었단다.

—아비가

2부 가장 훌륭한 교과서는 이 세상이란다

믿기 힘들지? 그렇지만 모두 사실이야

괴짜 선생님의 이상한 체육 시간

꿈꾸듯 말해 보는 학교

어디로 가서 무엇을 배워야 할까

자살을 꿈꾸는 민주에게

공부 잘하는 사람보다 일 잘하는 사람이 더 훌륭하다

가장 훌륭한 교과서는 이 세상이란다

⑩
아빠와 나

1
아빠! 교과서에 친일파 작가들의 글이 실려 있대요!
뭣?

2
이러 저러한 작가들이 친일파...
세상에 이럴 수가!

3
계속 이걸로 공부해야 하나요?

4
대학 갈때 까지는...
FIN.

믿기 힘들지? 그렇지만 모두 사실이야

민주야.

우리 국어 선생님 참 괴짜다. 어느 날 나더러 좋아하는 시가 뭐냐고 묻는 거야. 그래서 교과서에 나오는 박목월의 시 '나그네'를 좋아한다고 했지. 그랬더니 그 시 어디가 그렇게 좋으냐고 또 물으시겠지. 그래서 "길은 외줄기 남도 삼백 리 / 술 익는 마을마다 타는 저녁놀"이라는 구절이 좋다고 했지. 그랬더니 박목월이 그 시를 언제 썼는지 아느냐고 또 물으시더라. 알 리가 없지. 솔직히 모른다고 고백했어. 그렇게 대답하면서도 난 속으로 '시만 좋으면 됐지, 그런 건 시시콜콜 따져서 뭘 한담?' 하고 생각하고 있었어.

그런데 선생님 말이 그 시는 박목월 시인이 우리 나라 사람들이 일제 식민지 통치 아래에서 괴로워하고 있을 때 쓴 거래. 그래서? 그 시를 식민 시대에 썼다고 해서 좋은 시가 나빠지나? 안 그래? 식민지 통치 아래에서 쓴 것이기는 하지만 이육사나 윤동주나 한용운의 시 같은 것들도 죄다 좋잖아? 그래서 대들었지. "교과서에 실릴 정도라면 누구나 알아주는 좋은

시가 아닌가요? 그것을 식민지 시대에 쓴 게 뭐가 문제가 되나요?” 하고
말이야.

맙소사! 그러고 나서 내가 당한 것을 생각하면…… . 나더러 글쎄 시골에
서 살아 본 적이 있느냐고 묻지 않겠어? 없노라, 그렇지만 우리 아버지는
스무 살 가까이까지 시골에서 농사를 지은 무지막지한 촌놈이라고 대꾸했
지. 그러니까 생각나는데, 언젠가 나 어렸을 때 겨울에 기차를 타고 마산
에 있는 외갓집에 간 적이 있어. 그 때 우리 아버지가 창 밖으로 보이는 빈
들을 가리키시면서 나에게 한참 농사일에 대해서 설명을 해 주셨던 모양
이야. 쌀 한 톨 한 톨에 농부의 손길이 여든여덟 번은 닿아 있으니, 못자리
에서부터 추수할 때까지 쌀 한 톨이 되려면 농사짓는 분들이 얼마나 고생
을 하는지 모른다느니, 밥그릇에 묻어 있는 밥풀 하나라도 그냥 버리면 큰
죄를 짓는 것이라느니, 미주알고주알 이야기하는데, 글쎄 내가 하품을 늘
어지게 하면서, “아빠, 농부 아저씨들 참 바보다.” 그러더래. 아버지가
“왜?” 하고 물으니 윤나래 씨 하시는 말씀, “쌀 가게에서 사다 먹으면 되
지 뭐 하러 그렇게 힘들게 일해?” 하더라나.

아무튼 아버지는 자신이 ‘촌놈’ 이라는 것을 대단히 자랑스럽게 생각하
고 있어. 그래서 걸핏하면 애들은 시골에서 키우면서 어렸을 때부터 자연
스럽게 일하는 버릇을 몸에 익히게 해야 한다고 우기다가 도시내기인 어
머니하고 티격태격 다투고는 하거든. 그런데 난 시골이라면 딱 질색이야.
참, 넌 어렸을 때 시골에서 자랐다고 했지? 네 기분을 나쁘게 하려는 건
아니야. 우리 아버지에 대한 반발로 그러는 거니까 이해해 주라. 어디까지
이야기하다가 이렇게 삼천포로 빠지고 있는 거지?

아 참, 그래! 시 이야기였지. 우리 아버지가 ‘촌놈’ 이라고 그랬더니 선
생님 가라사대, “춘추가 어떻게 되시는고?” 윤나래 가로되, “쉰 가까운 줄

로 아뢰오." 사실 난 아버지 나이 잘 몰라. 나 원 참, 국어 시간에 학부모 나이까지 나와야 하나? 오두방정 그만 떨고 본론부터 이야기하자면, 지금도 우리 농촌 처지가 그 당시에 견주어 썩 좋아졌다고 볼 수 없지만, 일본 제국주의가 이 땅을 지배하고 있었을 때의 농촌 형편은 차마 눈을 뜨고 볼 수 없을 정도로 끔찍했다는 거야. 땅 주인이 아니면 풍년에도 보릿고개 때는 굶기를 밥 먹듯이 해야 하고, 흉년에는 나무 껍질, 풀 뿌리로 끼니를 이어야 했으니까. 그 때 아이들은 요즈음 가끔 신문에 나오는 굶주린 아프리카 아이들처럼 '위하수증'에 걸려서 아랫배만 톡 튀어나와 어기적거리면서 돌아다녔대. 농사를 지어 놓으면 일본놈들이 땅 주인과 손을 잡고 반넘게 빼앗아 갔으니 그럴 수밖에 없었대. "그런데, 뭐? '술 익는 마을마다 타는 저녁놀'이라고? 이건 도대체 어느 시절 어느 나라 백성의 이야기야?" 요건 그 선생님이 하신 말씀을 그대로 따온 거야.

그러고 나서 국어 교과서에 대해서 이야기하기 시작하는데, 난 정말 그런 줄은 몰랐어. 너 기억하니? 우리가 1학년 때 배운 그 감명 깊은 수필 말이야. 왜, 있잖아, 이효석의 '낙엽을 태우면서'라고. 그래, 우리들의 여릿한 감성을 사정없이 높여 주던 그 글 말이야. 그런데 그 글이 우리 선생님 입에서 낙엽처럼 타 들어가기 시작해서 한 줌의 재로 남아 가을 바람에 흔적 없이 흩어지는데, 정말 참혹해서 못 보겠더라. 그 선생님이 지적하신 구절 우리 한번 들여다볼까? 혹시 아니, 이게 내학 입시에 나올지? 히히.

난로는 새빨갛게 타야 하고, 화로의 숯불은 이글이글 피어야 하고, 주전자의 물은 펄펄 끓어야 된다.

백화점 아래층에서 커피의 알을 찧어 가지고는 그대로 가방 속에 넣어 가지고 전차 속에서 진한 향기를 맡으면서 집으로 돌아온다. 그러는 내 모양을 어린애답다고 생각하면서, 그 생각을 또 즐기면서 이것이 생활이라고 느끼는 것이다.

싸늘한 넓은 방에서 차를 마시면서, 그제까지 생각하는 것이 생활의 생각이다. 벌써 쓸모 적어진 침대에는 더운 물통을 여러 개 넣을 궁리를 하고, 방구석에는 올 겨울에도 또 크리스마스 트리를 세우고 색전등도 장식할 것을 생각하고, 눈이 오면 스키를 시작해 볼까 하고 계획도 해 보곤 한다.

이효석이 1942년에 죽었으니까 이 글도 일제 시대에 쓴 것이야. 그런데 식민 통치 아래서 백화점에서 알 커피를 갈아다 먹고 크리스마스 트리를 세우고, 스키 탈 생각을 할 만큼 여유 있는 사람들은 제 나라 제 민족을 배반하고 일제에 봉사한 친일파밖에 있을 수 없겠지. 실제로 이효석은 친일 행위를 하기도 했고. 하기는 국민 소득이 몇천 달러가 넘는다는 요즘에도 이렇게 호사스럽게 살 수 있는 사람들이 얼마나 될까 하는 생각이 들기는 해. 아버지가 대학 선생인 우리 집 같은 부르주아 가문에서도 스키는커녕 동네 스케이트장에 갈 엄두도 못 내고 있으니까.

문제는 이효석만으로 끝나지 않는다는 거야. 교과서에 글이 실린 사람 가운데 친일한 사람들을 이야기하는데 깜짝 놀랐어. 그렇게 많은 사람들이 친일을 했다니, 그리고 그런 사람들의 글이 교과서에 버젓이 실려 있다니, 이럴 수가! 중학교 국어 교과서에 글이 실린 사람 가운데 김동인, 김동환, 김용호, 노천명, 모윤숙, 백철, 유치진 같은 이들이나, 고등 학교 국어 교과서에 글이 실린 김소운, 김진섭, 서정주, 이효석, 정비석 같은 이들도 나서서 친일을 한 사람들이라는 거야.

마쓰이 히데오!

그대는 우리의 오장(伍長) 우리의 자랑.

우리는 조선 경기도 개성 사람

인씨(印氏)의 둘째아들 스물한 살 먹은 사내

마쓰이 히데오!

그대는 우리의 가미가제(神風) 특별 공격대원

(줄임)

수백 척의 비행기와

대포와 폭발탄과

머리털이 샛노란 벌레 같은 병정을 싣고

우리의 땅과 목숨을 뺏으러 온

원수 영미의 항공 모함을

그대

몸뚱이로 내리쳐서 깨었는가?

깨뜨리며 깨뜨리며 자네도 깨졌는가—

장하도다

우리의 육군 항공 오장 마쓰이 히데오어

(줄임)

너 믿을 수 있니? 이 시를 쓴 사람이 우리 교과서에 나오는 '국화 옆에 서'를 쓴 시인과 같은 사람이라는 것을 믿을 수 있어? 그리고 이 사람이 나중에 어느 잡지에다 "미국은 1945년 8월 15일에 우리를 일본의 손아귀로부터 해방시켜 준 우리 겨레의 은인이었을 뿐 아니라 6·25 사변에 다망하게 된 것을 다시 도와 일으켜 세워 준 장본인이기도 했고, 지금도 여전히 그들이 아니면 존립마저 위태로운 불가분리의 대상"이라고 썼다면 믿어지니? '오장 마쓰이 송가'를 써서 우리 나라의 많은 젊은이들을 일본 제국주의 침략 전쟁의 총알받이로 내몰았던 사람과, 한때는 미국을 우리의 땅과 목숨을 빼앗으러 오는 원수라고 저주했다가 나중에는 겨레의 은인이라고 입에 침이 마르도록 칭찬하는 사람과, '국화 옆에서'를 써서 우리를 감동시켜 온 사람이 세 사람이 아니고 한 사람이라면, 너 믿을 수 있겠어?

난 믿을 수가 없었어. 그렇지만 그렇다고 해서 선생님 말씀을 거짓말이라고 생각할 수도 없잖아. 괜히 선생님이 미워지더라. '그래서 어쨌다는 거예요? 우리의 아름다운 꿈을 그토록 무참하게 깨 버리는 법이 어디 있어요? 끔찍한 진실보다는 아름다운 거짓이 더 나을 수도 있어요.' 나는 마음 속으로 마구 부르짖었어. 어느 틈에 내 눈에서는 눈물이 흘러내리겠지.

선생님이 그걸 보셨던 모양이야. 나를 부르시더니, "데이트 신청해도 되겠느냐?" 하고 물으시더라. 그래서 괴짜 국어 선생님과 조용한 빵집에서 데이트를 했는데 말씀이야.

사실 그 날 선생님 말씀 듣고 나니까 학교에 다닐 생각이 싹 가시더라. 아마 네가 그걸 들었더라면 당장에 문제아가 되고도 남았을 거야. 우리에게 교과서가 뭐니? 교과서에 있는 것은, 그것이 무엇이든 무조건 믿어야 하는 거잖아? 우리에게 국어 교과서는 학교에 다니는 사람이라면 누구나 보지 않으면 안 되는 책 아니냔 말이야. 그런데 그 교과서가 담고 있는 내

용이 틀렸을 때는 어떻게 되는 거지?

이를테면 우리가 배운 《동명일기》 같은 것만 해도 그래. 동해안에 기왕 놀러갔으니 해돋이를 보려고 하는 건 당연하다고 치자. 그런데 지쳐 떨어진 기생과 종복들을 추운 겨울 꼭두새벽부터 두들겨 깨워, 떡국 끓여 놓은 것도 먹지 못하게 하고(마님이 먹지 않고 서두르는데 감히 기생이나 종들이 떡국 먹고 있겠어?) 바닷바람을 쐬게 하니, '두드려 떤다'는 표현은 오히려 약과고 사시나무 떨듯 했겠지. 우리 나라 고전에 그만한 것이 없어서 하필이면 사대부 안방마님이 해돋이 본답시고 호들갑떠는 것을 교과서에 실어 놓고 그것을 잘 된 글이라고 입에 침이 마르도록 칭찬을 하고 있으니, 쯧쯧.

선생님께서 그런 이야기해 주더냐고? 얘는, 나도 다 생각할 줄 안단 말이야. 선생님께서 이야기해 주신 것은 다른 이야기였어. 뭐랄까. 철학적이랄까, 아무튼 진지한 이야기였는데, 한 마디로 아무리 그럴듯한 것이라도 거짓은 우리가 살아가는 데 도움이 되지 않는다는 말씀이셨어.

나치스에 있어서 정치의 기본은 국민을 살리려는 데 있다. 그 국민의 이념은 스스로 정치의 방향과 일치한다. 즉 국민의 이념을 그린 연극은 스스로 정치의 이념과 일치하는 것이다.

이것도 우리 교과서에 나오는 여러 개의 희곡을 쓴 유치진의 주장이란다. 이분은 또다른 글에서 "일선의 황군(일본 제국주의 군대.)이 굳게 전선을 지키고 있는 덕택으로 우리는 적의 위협을 직접 받지 않고, 일상 생활에 다소의 부자유를 느끼면서도 너무나 안이한 생활을 하고 있다. (줄임) 현재 우리들의 문필 생활은 전쟁을 위해 있어야 하고, 전쟁을 위해서만 앞으로 나아가지 않으면 안 된다."고 쓰기도 했어.

믿기 힘들지? 그렇지만 사실이야. 요즘 들어 갑자기 어른들이 싫어지는 것 같아. 산다는 게 다 그런 걸까? 식민지에서 살아남으려면 그럴 수밖에 없었을까? 우리가 알고 있는 것만 해도 얼마나 많은 분들이 북만주 벌판에서 일본 제국주의와 맞서 싸우다가 죽어 갔니? 그런데 겨레를 배반하면서 살았던 사람들이 다시 버젓이 활개를 치고, 교과서에는 그 사람들의 글이 한두 편도 아니고 여남은 편 넘게 실려 있고. 그러고 나서도 뭐라고 변명하는지 알아? "우리 나라와 동양에 대한 일본의 제패가 장기화할 거라는 판단 착오를 일으킨 나머지 그들의 불가피한 지배 아래 처자와 장차 생겨날 자손들과 더불어 어떻게라도 살아 나가야 할 것을 생각하지 않을 수 없었다."는 거야. 파렴치해도 분수가 있지.

내가 너무 흥분했나? 흥분도 전염이 되나 봐. 민주야, 너 언젠가 나한테 이런 말 한 적 있지? 우리 나라 사람 거의가 공장이나 회사에서 일하면서 어렵게 사는 월급쟁이거나 농사짓는 사람일 텐데, 교과서에는 넉넉하게 사는 사람들 이야기만 나온다고 말이야.

그리고 또 이런 이야기도 했지? 초등 학교에 들어가자마자 "하늘, 파란 하늘. 파란 하늘에 우리 태극기. 태극기를 답니다. 우리 태극기. 애국가를 부릅니다. 우리 애국가. 무궁화가 핍니다. 우리 무궁화." 하고 잘 쓰지도 않는 말을 앵무새처럼 달달 외우게 하지 말고 "어머니, 우리 어머니. 농사일에 힘쓰시는 우리 어머니."나 "아버지, 우리 아버지. 공장에서 일하시는 우리 아버지."처럼 우리 삶에 닿아 있는 낱말부터 가르치면 오죽 좋겠느냐고.

나는 거기에다 하나 더 덧붙이고 싶다. 제발 교과서가 얇아져도 좋고 시가 덜 좋아도 좋으니, 겨레를 배반한 사람들의 글만은 교과서에서 뺐으면

좋겠다고 말이야.

참, 그리고 우리 이 달부터 보충 수업 없애기로 했어. 얼마나 신나는 일이니? 어떻게 된 일이냐고? 어떻게 되기는, 보충 수업이 자율 학습이 아니라 타율 학습이라는 것을 우리도, 선생님들도, 우리 부모님들도 받아들이게 된 것이지. 생각해 봐. 비좁은 의자에 열 시간, 열두 시간 앉아서 공부하다가 허리 병신이 되어서 일생을 고생하면서 살아가는 아들딸의 모습을 머리에 떠올릴 때 부모님들 마음이 어땠을지를.

사실은 우리 반에서 학급 회의를 하다가 보충 수업 문제가 나왔는데 "그거 없애는 게 어때?" 하는 의견이 나왔거든. "누구 마음대로?" 누군가가 코웃음을 치데. 그래서 내가 그랬지. "우리 마음대로!" 그 말을 하고 나니까 정말 이제까지 한 번도 우리 마음대로 해 본 일이 없는데, 이 문제만은 가장 큰 피해자인 우리 마음대로 해 보자는 생각이 들었어. 열심히 뛰었지 뭐. 맨 처음에는 공동 피해자인 선생님들이 이해해 주시고, 그 다음에는 부모님 몇 분이 교장 선생님을 만나고, 다행히 우리 교장 선생님이 뜻을 같이해서 큰 말썽 없이 보충 수업에서 해방된 거야. 내가 이렇게 긴 편지를 쓰게 된 것도 그 덕이지 뭐유. 잘 있어.

―나래가

헛둘!
헛둘!
헛둘!
헛둘!
헛둘!
봐라! 똑같이 입고
구호에 맞춰 움직이니까
보기좋지?
클론?

괴짜 선생님의 이상한 체육 시간

나래야.

요즈음 며칠 동안은 굉장히 우울해. 체육 선생님께서 학교를 그만두셨거든. 전에도 몇 차례나 너랑 같이 이야기한 일이 있는 그 괴짜 선생님 말이야.

그 선생님이 처음 교실에 들어오셨을 때 생각이 나. 우리 학교에서는 선생님이 들어오시면 반장이 벌떡 일어나서 "차렷! 선생님께 경례!" 하는 식으로 인사를 하거든. 그런데 그 선생님은 들어오자마자 반장이 일어서기도 전에 먼저 꾸벅 고개를 숙이면서 "안녕하세요?" 하고 인사를 하는 거야. 선생님의 그 어설픈 인사와 뒤미처 엉거주춤 일어서서 어찔 줄 모르는 반장 때문에 우리 반은 온통 웃음바다가 되었지.

"체육이 뭐지요?"

선생님은 교실이 잠잠해지기를 기다리고 나서 이렇게 물었어. 참 새삼스러운 질문이어서 다들 멍하니 있었지. 우리가 가만히 있으니까 선생님도 가만히 있는 거야. 한참 서로 빤히 바라만 보다가 반장이 일어나서 대답했어.

"몸과 마음을 튼튼하게 하는 것입니다."

"다른 사람은?"

"저, 운동 경기요."

"꼭 운동 경기만 체육일까요?"

"아니에요. 맨손 체조도 체육이에요."

아무튼 이렇게 해서 이제까지와는 좀 다른 체육 수업이 시작되었어. 선생님께서는 우리가 배우는 교과서는 '체육'이 아니라 '보건'이 되어야 한다는 말씀에서부터 올림픽에서 맨날 꼴찌를 해도 좋으니까 체육 교육이 운동 선수를 길러 내는 것이 아니라 모든 사람이 건강한 몸을 지닐 수 있도록 해야 한다는 말까지 여러 가지 새로운 이야기를 해 주셨어. 그리고 시간이 끝나자마자 얼른 책을 챙겨 드시더니 고개를 꾸벅하고 반장이 일어서기도 전에 번개같이 교실 밖으로 나가 버리는 거야.

그 다음 주 체육 시간은 더 볼 만했지. 반장이 운동장에 모인 학생들 줄을 맞추려 들었더니 말리시면서 그냥 내버려 두라는 거야. 학교는 군사 훈련을 시키는 군대가 아니라고, 체육 시간은 교련 시간이 아니라고 말이야. 선생님도 초등 학교 다닐 때까지 "차렷! 경례!" 하고 인사하는 것이 자연스러운 줄로만 알았는데, 나중에야 이런 인사법이 일제 시절 군사력을 최고로 치던 때나 하던 짓임을 깨우쳤노라고 하셨어. 인사는 먼저 본 사람이 하는 것이 자연스럽다는 거지. 학생들이 자로 잰 듯이 줄을 맞추고, 발을 맞춰서 걷는 것도 군국주의 교육이 남긴 것이래. 그런 것은 몸을 튼튼하게 하는 데 필요한 몸놀림과는 아무 상관이 없다는 거지.

"생각해 봐요. 우리는 체육 시간에 운동장에서 많은 학생들이 선생이 부는 호루라기 소리나 구령에 맞춰서 하나, 둘, 셋, 넷, 하나, 둘, 셋, 넷 꼭 같은 보폭으로 줄 맞춰 걷는 것을 자연스러운 것으로 받아들이지요? 하지만 학생들 몸에 조금이라도 관심을 갖고 있다면 이런 훈련이 결국 여러분의 자연스러운 몸놀림을 억눌러서 건강에 나쁜 영향을 미친다는 것을 금방 깨달을 겁니다.

이 반에는 키가 작아서 보폭이 좁은 사람도 있고 다리가 길어서 보폭이 보통 학생보다 훨씬 넓은 사람도 있잖아요? 이 사람들이 꼭 같이 맞춰 걸으려면 키 작은 사람은 황새처럼 가랑이를 벌려야 하고 키 큰 사람은 뱁새처럼 종종걸음을 쳐야 할 테니, 그런 부자연스러운 일이 어디 있겠어요?”

그러니 억지로 학생들의 몸놀림을 통제하려 들지 말고 제멋대로 몸을 놀리도록 내버려 두어라, 하루 종일 억눌린 자세로 웅크리고 앉아 고생한 몸을 해방시켜 주는 것이 체육 시간에 해야 할 일이다, 이제부터 체육 시간에는 호루라기도 불지 않고 구령도 않겠다, 경기 같은 것은 가르쳐 달라기 전에는 가르치지도 않겠다, 씨름을 하고 싶은 사람은 씨름을 하고, 야구를 하고 싶은 사람은 야구를 해라, 여자라고 해서 그런 경기를 하지 말라는 법은 없다, 경기를 할 때도 규칙은 물어 보면 그 때 알려 주마. 다만 여러 종류의 맨손 체조만은 하나하나의 동작이 몸의 어떤 부분을 튼튼하게 해 주고 더 나아가 내장 기관에 어떤 좋은 영향을 미치는지를 자세히 알려 주고 모두가 익힐 수 있도록 가르쳐 주마, 그렇지만 이것도 억지로 하라는 것은 아니니까 필요 없다고 생각하는 사람은 따라 하지 않아도 된다……. 대체로 이런 이야기였어.

우리는 선생님을 가운데 두고 빙 둘러앉아 이런 이야기를 들었는데, 그것은 선생님이 “누구든지 편한 자리에서 편한 자세로 들으세요. 귀가 어두운 사람은 바싹 다가와서 들어도 좋고 귀가 유난히 밝아서 저 멀리서도 들을 수 있는 사람은 멀찌감치 떨어져 앉아도 좋아요. 앞 학생 머리통에 가려서 잘 보이지 않는다고 억지로 황새 목을 하고 있을 필요는 없습니다." 하셨기 때문에 자연스럽게 만들어진 모양인 셈이야.

낭만이 있다고? 그렇지만 그 다음에 무슨 일들이 벌어졌는지 생각하면 지금도 아찔할 때가 있단다.

짠! 그 다음 체육 실기 시간. 30도가 넘는 무더운 날씨였어. 선생님이 운동장 한복판에 온갖 공을 다 끌어다 놓고 우리를 기다리고 있었어. 몇몇 아이들은 어슬렁어슬렁하다가 "난 안 나갈래. 낮잠이나 자야지." 이러고 있고. 이러다 보니 모이는 시간이 십 분이 지난 데다가 빠진 사람도 댓 명 되었는데, 모인 학생들을 슬쩍 둘러본 선생님 말씀, "오늘은 결석이 많은 모양이군." 눈썰미도 좋으시지.

"교실에서 안 나온 학생들이 있어요. 나오라고 할까요?"

"아니, 괜찮아요. 처음이니까 잘 몰라서 그렇겠지. 다음부터는 쉬더라도 나와서 나무 그늘 아래서 쉬라고 일러 주세요. 그리고 체육 시간 끝나도 다시 모여서 선생님에게 인사할 필요 없으니까 모두 자기 있던 자리에서 알아서 흩어지도록."

자, 이렇게 되고 보니, 농구공은 여기서 쪼르르, 배구공은 저기 뒹굴뒹굴, 송구공은 저만치 디굴디굴, 축구공은 이만치 데구르르. 운동 기구는 온 운동장에 널려 있었지. 아무렇게나 팽개치고 나 몰라라 모두 뿔뿔이 흩어지고 빈 운동장에서 흩어진 운동 기구를 모으느라 체육 선생님 혼자 땀깨나 흘리시는구나, 쩝쩝.

'선생님, 자율도 좋고 민주도 좋지만요, 글쎄, 가만히 내버려 두면 요 모양 요 꼴이라니까요. 자기가 가지고 놀던 공 하나 치울 줄 모르는 애들한

테 선생님의 그 높은 교육 이상이 통하겠어요? 쯧쯧, 괜한 헛수고지요.'
교무실에서 내다보던 다른 선생님들 마음은 아마도 이러했을 터.

'얼마나 참을성이 있는지 지켜볼까?', '골탕을 먹여서라도 위선자의 껍
질을 벗겨 내자.', '우리들을 교육의 주인으로 인정하겠다는 선생님의 말
을 있는 그대로 받아들여서는 안 돼. 거기에는 저만 잘났다는 불순한 마음
이 섞여 있는 것이 틀림없어.' 이런저런 생각들이 오갔기 때문에 도리어
어떻게 하면 수업을 방해할까 골몰하는 애들도 많았어. 그래서 어떤 때는
맨손 체조 하는 사람은 선생님 한 분뿐이고 나머지는 모두 한가하게 앉아
서 지켜보는 일도 있었지. 그 때 선생님을 다시 봤어. 마치 모든 학생이 다
따라서 하는 것처럼 혼자 열심히 끝까지 하시는 거야.

그러다 학기 중간쯤 되었을 때 선생님이 북을 가지고 오셨어. 그러고는
북 장단을 참 신나게 치는 거야. 그러면서 누구 배울 사람 없냐 그러시더
라. 어렸을 때 시골에서 본 가늠이 있어서 어디 한번 배워 보자고 달려들
었지. 자, 그러고 나서 서툰 솜씨로 이채 가락, 삼채 가락 북 장단을 치기
시작하는데, 그 가락에 맞추어서 선생님이 춤을 너울너울 추시지 않아?
이런 변이 있니? 처음에는 난리가 났어. 모두들 까무러치는 줄 알았지. 그
런데 우리들은 어느 틈에 하나씩 그 춤사위에 빨려들기 시작했어.

"옛날 그리스 사람들이 하던 운동에서 오늘날 우리가 올림픽 경기에서
보는 여러 경기들이 싹텄습니다. 본디 그리스 사람들은 우리의 몸을, 긴
전한 정신을 담는 그릇으로 보았기 때문에 체육을 중요하게 여겼지요.
다시 말하면 신체의 움직임, 곧 몸놀림을 자연스럽게 하면서 우리의 마
음결도 바르게 만들 수 있다고 믿었던 것입니다. 그래서 그 사람들은 뜀
박질에서부터 들어올리기, 던지기 같은 여러 몸짓을 연구했어요. 그러
나 오늘날 우리가 체육 시간에 익히는 이런 모든 몸짓은 우리 조상들이

마당에서 추었던 춤사위에서 드러나는 몸놀림에 견주면 단순하기 짝이 없습니다. 우리 춤사위를 타고 흐르는 신명은 몸과 마음을 하나로 묶어 줍니다.

덩 덕기 덕기 북 소리가 오감을 타고 흘러 우리의 가슴을 두드리면, 이렇게 우리는 활개를 펴고 발은 저절로 들리게 되지요. 맨손 체조란 마지막에는 이렇게 하나하나 춤사위로 바뀌어야 해요."

선생님 어록이야. 너도 배워서 알겠지만 우리 춤은 정말 신나. 처음에는 한두 사람이 선생님을 흉내내서 추기 시작했는데, 나중에는 탈춤 사위가 모두를 끌어당겨 한데 어우러져서 운동장이 춤판으로 바뀌었어.

차츰 선생님의 뜻을 이해하게 되니까 제 시간에 저절로 모이게 되더라. 선생님보다 먼저 우리가 "안녕하세요." 하고 반갑게 인사도 하게 됐고. 체육 시간 끝나면 늘 선생님 혼자 운동 기구 치우는 것을 딱하게 여긴 애들이 곁에 있는 운동 기구들을 스스로 치우게 됐어. 이렇게 마음에서 우러나는 교육이 저절로 이루어지니까 처음에는 어찌할 바를 모르던 애들도 차츰 제힘으로 시간을 규모 있게 채우게 되는 거야. 그 시간은 온통 신나는 순간들로 이어져서 공부와 놀이가 나누어지지 않고 모두가 흥겨웠어. 어쩌다 다른 학년 아이들이 깜박 잊고 운동 기구를 운동장에 버리고 가는 일이라도 있으면, 어느 틈에 우리들 가운데 누군가 그것을 자연스럽게 제자리에 갖다 놓는 버릇이 붙게 됐지. 그렇게 되기까지는 그렇게 오래 걸리지 않았어.

그런데 문제는 여기서부터 생겨났어. 처음에는 별나게만 보이던 체육 선생님의 행동이, 상식에 어긋난다고만 생각했던 선생님 말씀이, 이제 전혀 이상하지 않다고 생각하게 된 거야. 시간이 지나면서 '이상한 분은 체육 선생님이 아니라 이제까지 자연스러워 보였던 다른 여러 선생님들이

야.' 하는 생각으로 바뀌기 시작했거든.

먼저 우리는 이제까지 우리들 인사가 형식에만 치우쳐서 자연스럽지 못했다는 데 의견을 같이 했지. 그래서 반장이 일어나서 "차렷! 경례!" 하는 공식 절차를 없애고 선생님과 눈이 마주치면 자연스럽게 저마다 고개를 숙이면서 "안녕하세요?" 하고 인사하기로 했지. 맙소사! 그 다음에 어땠는지 아니?

수학 시간이었어. 선생님이 문을 열고 교실에 들어서자마자 인사하는 애부터 교탁에 올라서서 우리를 마주 볼 때 인사하는 애까지 온통 교실 안이 "안녕하세요!" 소리로 왁자지껄했어. 그랬더니 수학 선생님이 엄청 화가 나신 거야. 버릇없고 시건방지기 짝이 없는 애들이라는 거지. 반장을 불러서 된통 혼을 낸 뒤에 "다시 인사해 봐." 하고 호통을 치셨어. 그 순간 교실 안은 물 끼얹은듯, 엉덩이를 걷어차인 강아지 꼴이었지. 그 순간 누군가 발딱 일어선 거야. 나는 믿을 수가 없었어. 글쎄 우리 반에서 얌전하기로 둘째 가라면 서러울 남희라는 친구가 떨리는 목소리로 이렇게 따지지 않겠어?

"선생님, 운동장에서나 길 가다가 선생님을 만나면 '안녕하세요?' 하고 인사해도 늘 반갑게 받으시잖아요? 그런데 왜 교실에서는 그렇게 하면 안 되지요? 어느 선생님이 그러시던데요, '차렷! 경례!' 하고 인사하는 것은 일제 유산이래요."

그러자 선생님은 남희에게, "너, 이 시간 끝나면 교무실로 와!" 하고 불쾌한 듯이 말하고는 "반장, 뭐 하나?" 하고 다시 목청을 높이셨어. 할 수 없이 반장은 굳은 목소리로 "차렷! 경례!"를 외쳤고 우리는 인사하고 싶은 마음이 눈곱만치도 없으면서도 머리를 숙이는 수밖에 없었지.

그렇지 않아도 체육 선생님을 두고 선생님들 사이에서 말이 많았던 모양이야. 보통 날은 그렇다치고 학교에 행사가 있는 날에도 양복 차림에 넥타이가 아니라 늘 입던 잠바 차림으로 오시는 것도 문제가 됐대. 교장 선생님께 야단을 맞고도 바뀌는 것이 없다는 비난에서부터, 고등 학교 때부터 대학 2학년 때까지 이름난 배구 선수였다는 점 때문에 학교에 모셨더니 가르쳐 달라는 배구부 학생들은 내버려 두고 체육 시간에도 그저 학생들과 놀기만 한다는 둥, 어떻게 가르쳤길래 선생님이 가르친 반 학생들은 응급 처치나 보건 위생에 관한 것은 교과서에 나오지 않는 것까지 시시콜콜 알고 있으면서 흔한 구기 종목 경기 규칙 같은 것은 아무것도 아는 게 없느냐는 둥, 선생님이 가르친 반 아이들이 요즈음 부쩍 반항이 늘어 걸핏하면 버릇없이 대든다는 둥……. 우리에게 드러내고 표는 내지 않았지만 체육 선생님은 거의 날마다 이런저런 일로 시달림을 받고 계셨던 거지.

체육 선생님이 우리들 사이에서 '좋은 선생님'이 되면서 우리는 이제까지 그냥 그렇게 여기던 모든 학교 일을 약간 의심스러운 눈초리로 보기 시작한 거야. 그러니까 누구 입에서나 남희가 한 말 비슷한 이야기가 나오게 되었지. 그런 모든 이야기가 결국 선생님에게 화살이 되어 날아갈 줄 몰랐던 것이 우리 잘못이라고나 할까?

아무튼 이렇게 해서 선생님은 우리 곁을 떠나게 되었지만(학교에서는 선생님 개인 사정 때문에 그만두는 것이라고 이야기하더라.) 선생님이 우리 가슴 속에 싹 틔워 주신 '스스로 주인됨을 배운' 씨앗은 어지간한 비바람에도 꿋꿋이 견디면서 자랄 거야. 그 생각을 하면 그렇게 멀리 가시지는 않은 셈이야.

선생님이 마지막으로 나에게 "옛다, 너 가져라." 하고 꽹과리 하나 남겨 주셨는데, 너 한번 들어 볼래?

깨갱깨갱 깨갱깨깨, 갱깨갱깨 깨갱깨깨, 깨갱갱깨 깨갱깨깨, 갱갱깨깨

깨갱깨깨…….

  나, 앞으로 말이야. 이 꽹과리로 풍물을 열심히 배울 거야. 풍물을 배우
다 보면 손놀림도, 발놀림도, 그리고 몸놀림도 부드럽고 자유로워질 거야.
너 그 말 알지? 참, 그 말을 네가 나한테 해 주었던가? 손발 열심히 놀리
고, 몸 부지런히 놀린다는 것은 한 마디로 일을 잘한다는 말도 된다고.

―민주가

⑫
아빠와 나
우잉
요즘 학교는 글러 먹었어!
어?

인간 만들 생각은 안 하고 입시 준비만 시키잖아!

아빠께서 그런 말씀을?!
저 감동 먹었슴다!
그냐? 이힛~

긍까, 니가 선생 되면 고런 걸 고쳐라!
예?

선생요? 선생님?
그래. 선생님.

커서 학교 선생님이 되라구요?
좋잖아! 안정되구, 방학도 있구!

그치만 전 따로 하고 싶은 일이 있는데요?

하라면 해!
FIN.

꿈꾸듯 말해 보는 학교

나래야.

나는 정말 네가 걱정스럽다. 너뿐만 아니라 도시에서 학교에 다니고 있는 네 동무들도 걱정스럽다. 시골에서 학교에 다니는 네 동무들과 달리 너희들은 일을 모르고 자란다. 큰일이다. 일을 하지 않는 사람은 사람이 아니니까 말이다.

사람은 처음부터 오늘과 같은 모습이 아니었다. 두 뒷발로 몸의 균형을 잡고 두 앞발을 써서 일하는 동안에 네 발로 걷는 다른 포유 동물과는 다르게 척추뼈가 똑바로 펴지게 된 거지. 그러면서 머리가 무거워도 거뜬히 견뎌 낼 수 있게 되자 머리통이 커지고, 두 앞발을 놀려서 열심히 일하니까 앞발을 움직이는 운동 신경이 두드러지게 발달하게 되었지. 그리고 드디어는 엄지손가락과 다른 손가락의 쓰임이 나뉘게 될 정도로 발달하면서 섬세해진 운동 신경은 두뇌의 대뇌피질에 영향을 미치게 됐어. 대뇌피질의 골이 깊게 파이면서 기억 용량이 늘어나고 언어 능력도 발달한 덕분에 오늘의 사람 꼴이 갖추어지게 된 것이지. 컴퓨터의 용량을 결정하는 내장

하드도 뇌의 구조와 비슷하다고 하더라.

이렇게 사람이 일을 통해서 제 모습을 바꾸어 나가지 않았더라면, 우리도 다른 짐승과 크게 다르지 않은 모습으로 살고 있거나 벌써 씨가 말라 사라졌을지도 모른다. 사람은 일을 해서 자연의 모습을 바꾸어 사람이 살 수 있는 터전으로 만들 수 있었어. 문화를 싹트게 하고 오늘의 문명을 이룬 것도 다 일을 했기 때문이지.

또 일은 인류의 역사를 움직이게 하는 힘이기도 해. 인류의 역사가 원시 공산제에서 고대 노예제 사회와 중세 봉건 사회를 거쳐 오늘에 이른 것도 따지고 보면 사람이 일을 해서 생산력을 높여 왔기 때문이라고 보아야 하는 거지.

일이 이처럼 소중한 것이고, 부지런히 몸을 놀리고 손을 놀려서 일을 해야 우리가 사람답게 살아갈 수 있는데도, 도시에서 학교에 다니는 너희들은 일을 하지 않아. 그러니 겉모습만 사람 꼴이지 사람이라고 할 수가 없어. 무쇠라도 녹일 만큼 튼튼한 위와 가만히 있으면 좀이 쑤시고 팔다리가 근질근질할 만큼 건강한 몸을 지닌 너희들이, 살아가는 데 필요한 일을 하지 못해서 도리어 몸은 병들고 제대로 피어 보기도 전에 시들어 가는 거야.

물론 너희들이 일에서 멀어지게 된 것이 너희 탓이라고 할 수는 없어. 그럼, 너희들 탓이 아니고말고. 그것은 모두 어른들 탓이다. 우리 어른들의 어리석음 탓이다. 말로는 근대 교육의 전통이 백 년이 넘는다고 하면서도 실제로는 학교가 무엇인지도 모르고 있는 형편이니까.

학교가 뭐냐? 교실이 있고, 운동장이 있고, 교과서가 있고, 선생이 있으면 다 학교냐? 도서실이 있고, 양호실이 있고, 상담실이 있고, 실험실이 있으면 그만인 거냐? 책상, 걸상이 버젓하고, 비디오 시설이 갖추어져 있

고, 점심 때는 영양가 있는 음식을 만들어 주는 데가 학교냐? 아니야. 그
것만으로는 학교가 될 수 없어. 우리는 지금까지 학교에 대해서 잘못 생각
해도 크게 잘못 생각하고 있었던 거야.

　학교는 무엇보다 학생들의 삶터가 되어야 한다. 그리고 그 삶터는 작게
는 그 학교가 자리잡고 있는 마을 공동체, 크게는 국가 공동체와 긴밀하게
이어져 있어야 하지. 그러자면 학교에는 작업실이 있어야 한다. 간단한 목
공일부터 정밀한 기계 공작까지 기초 원리를 학생들이 몸으로 익힐 수 있
는 시설이 마련되어 있어야 해. 그것도 나이에 맞게 단계를 두어 일을 익
힐 수 있도록. 욕심을 부리자면 화학 실험실부터 생약 실험실 같은 실험실
도 곁들여서. 말만 실험실이 아닌 진짜 실험실 말이야.
　거기에다 학교 농장도 있어야 돼. 학생들은 학교 농장에서 일하는 즐거
움과 괴로움을 어려서부터 뼈에 박히도록 느껴야 하는 거야. 우리 밥상에
오르는 푸성귀에서 알곡과 과일까지 모두 제 손으로 한 번쯤은 다 길러 보
아야 하지.
　어디 그뿐이야? 우리 나라는 산이 많은 곳이야. 국토의 3분의 2가 산이
야. 앞으로 우리가 잘사느냐 못사느냐는 산림 정책이 제대로 성공하느냐
실패하느냐에 달려 있다고 봐도 틀리지 않을 거야. 그런데 현실은 어떠
냐? 농과 대학(요즘에는 농과 대학도 많이 없어졌더라만.)에 임학과라는
것이 있기는 하지만 거기에서 공부하는 사람들만으로 이 넓은 산을 어떻
게 쓰는 것이 좋은지 다 알아 낼 수도 없거니와 알더라도 손이 모자라서
잘 해 낼 수도 없는 형편이다. 그러니, 학교마다 연습림이 있어야겠지? 휴
일이나 방학 때는 농장에서 일도 하지만 등산이나 캠핑 삼아 연습림에서
나무와 풀의 생태도 연구하고 약초 재배도 하고 곤충들의 생태도 살펴야

겠지? 산에 사는 동물들 습성도 공부하고.

그래, 우리 나라는 또 삼면이 바다고 굽이굽이 산이 키워 내는 강이 많단다. 바다나 강은 우리의 중요한 삶터 가운데 하나다. 따라서 학교마다 어장이 있어야겠지? 그래서 어느 학교에서는 보리새우 양식에 성공해서 화제가 되는가 하면, 어느 학교에서는 학생들의 힘으로 민물장어의 성장 과정과 번식 방법을 연구해서 수산업의 발전에 이바지해야 하겠지? 해수욕장에 따로 놀러 갈 필요가 없이 일과 놀이가 하나로 어우러지는 값진 나날이 될 거야.

이 아버지가 지금 꿈꾸고 있는 거냐? 그래, 꿈이라도 좋다. 그러나 이것은 절대로 헛된 꿈이 아니다. 이룰 수 있고, 도시의 학교들이 정말 학교답기 위해서는 꼭 이루어야 하는 꿈이기도 하다. 이 아버지는 그렇게 믿는다.

물론 학교가 학교답게 되는 것이 그렇게 쉬운 일은 아니지. 그 동안 학교가 무엇인지, 학생들이 무엇을 어떻게 공부해야 하는지 모르는 어른들이, 모르면 잠자코 있기나 할 노릇이지 이른바 교육 시찰이라는 이름으로 이 나라 저 나라 돌아다니며 건성으로 이것저것 구경하고 와서는 "미국 학교가 이러니 우리 학교도 이래야겠다."는 둥, "일본 교과서가 저러니 우리 교과서도 저래야 한다."는 둥, "독일의 교육 정책이 여차여차하니 우리 교육 정책도 여차여차해야 한다."는 둥, 마치 자기들이 교육 정책이나 교육 제도를 잘 알고 있는 사람인 양, 포 치고 차 치고 하는 바람에 해방 직후부터 학교 교육은 엇나가기 시작했지.

더더구나 좌우 대립의 틈바구니 속에서 일제 식민지 교육에 이바지했던 친일 교육자들이 학교뿐만 아니라 교육 행정까지도 좌지우지하는 통에 이 모양 이 꼴이 되고 만 것이다. 오죽하면 해방 뒤에 그 많은 대학이 친일파들 손에 넘어갔겠느냐? 그 일이 아무리 고통스러운 결과를 가져오더라도 진실은 밝혀져야 한다. 참고삼아 말하자면 고려 대학교의 설립자로 알려진 김성수, 이화 여자 대학교 초대 총장이었던 김활란, 덕성 여자 대학교 설립자 이숙종, 상명 여자 대학교 설립자 배상명, 서울 여자 대학교 설립자 고황경, 중앙 대학교 설립자 임영신 같은 사람은 기록에 따르면 모두 일제 식민지 정책을 적극 지지한 사람들이다.

여기에 덧붙여 이승만 독재 권력에서부터 시작해 이제까지 독재 권력은 정권을 지키는 데만 급급했지 한 번도 교육 문제에 대해서 진지하게 생각해 보지 않았다는 사실도 밝혀 둬야겠다. 늘 말만은 '교육은 백년지대계'라고 번지르르하게 해 왔지. 그러나 오늘에 이르기까지 모든 교육은 한결같이 대학 입학 시험만을 위한 교육이었다. 모든 학생들이 우리 사회의 여러 가지 중요하고 절실한 문제를 자기 스스로 생각하고 풀어 나갈 수 있도록 기르는 교육은 없었어.

나래야.

너는 걸핏하면 이 아버지를 촌놈이라고 깔보지? 그렇지만 말이다. 이 아버지는 너와 도시에 사는 네 동무들이 시골 사는 네 또래 동무들보다 대학에 들어가는 데는 더 앞설지 몰라도 참교육이라는 관점에서 보면 훨씬 뒤진다고 본다. 시골에 사는 네 동무들은 어렸을 때부터 일을 하면서 겪고 익혔던 많은 산 지식을 인정받지 못하고 있지만, 사실은 삶의 문제를 풀어 가는 데 너희 도시내기들보다 훨씬 뛰어나다.

시골에 사는 동무들은 도시에 사는 너희들에 견주어 훨씬 많은 생물학 지식을 지니고 있다. 산과 들에 널려 있는 풀과 나무의 이름뿐만 아니라 그것이 어디에 쓸모가 있는지, 사람 몸에 독이 되는 것인지 약이 되는 것인지, 먹어도 되는 것인지 먹어서는 안 되는 것인지 알고 있다.

그리고 또 시골의 네 동무들은 어린 시절부터 부모를 따라 들로 산으로 다니면서 일을 한 덕분에 살아가는 데 필요한 먹을거리를 기르는 방법을 배운다. 너희들은 어쩌다 녹두와 팥을, 강낭콩과 완두콩을 가려 낼 수 있을지는 모르지만 언제 어떻게 심어서 언제 거두어들이는지는 모른다. 너희들은 누에가 뽕잎을 먹고 자란다는 사실이나 몇 잠을 자야 번데기가 되는지는 알지 몰라도, 누에에게 어떤 병이 생기는지는 알지 못한다. 누에에게 때맞춰 알맞은 양의 뽕잎을 주는 방법도 모른다.

그래서 너희들은 깊은 산이나 들에 며칠만 놓아 두면, 비록 한여름이라 할지라도 거의 다 굶어 죽고 말 거야. 그러나 시골 아이들은 그렇지 않지. 그 아이들은 너희 도시 아이들이 다 죽고 난 뒤까지도 오래오래 살아남을 것이다. 너와 도시의 네 동무들은 삶의 기본이 되는 지식을 배워 익히지 못했지만, 시골 아이들은 자연에서 주어진 여러 가지 먹을 수 있는 식물과 동물을 가려 내는 법과 그것을 얻는 방법뿐만 아니라 일을 해서 그것을 길러 내는 방법까지 알고 있거든.

학교 교육이 바르게 이루어진다면 시골에 사는 네 동무들이 너희들을 앞서게 될 것이다. 너희들은 네 시골 동무들의 그늘에 가려지겠지. 지금의 대학 입시 위주 교육에서 네 시골 동무들이 너희들에게 뒤지고 있듯이 말이다. 허투루 하는 말이 아니다. 이 아버지는 교육을 올바르게 되살리는 길을 오랫동안 생각해 왔다. 아까 이야기한 작업장, 농장, 연습림, 어장을 시골 학교가 갖추는 것은 지금도 크게 어렵지 않다. 그 곳에서 학생들을 가르치는 것도 어렵지 않다. 왜냐하면 그 모든 것이 가까이 있을 뿐 아니라 학생들도 어렸을 때부터 일하는 버릇이 몸에 배어 있어 큰 무리 없이 새로운 교육 과정에 적응할 수 있을 것이기 때문이다.

내가 꿈꾸는 대로 학교가 새롭게 바뀐다면 처음 한동안은 도시 학생들은 악몽 같은 나날을 보낼 것이다. 많은 아이들이 작업장이나 농장, 연습림이나 어장 가까이에서 살아 보지 않았고, 도대체 지금껏 사는 동안 일이라고는 거의 해 본 적도 없을 테지. 너희들은 멀리 떨어진 들판에 가서, 연습림이나 바닷가에 가서 밥 짓고 반찬 만들고 빨래하는 것부터 호미질, 괭이질, 삽질, 써레질 같은 힘든 농사일에다, 그물을 치고 거두거나 김을 걷어서 말리는 일, 온갖 어패류를 양식하거나 잡아서 손질하는 일, 나무를 심고 가꾸고 베어 넘기고, 약초를 심고 캐는 일 따위 힘든 일을 하나하나 배워야 하겠지. 그러는 동안 몹시 견디기 힘든 어려움을 맛볼 것이다. 그렇지만 그 어려움은 너희들의 병든 몸과 마음을 고치는 좋은 약이 될 것이다. 너희들은 그 어려움 속에서 일의 소중함을 배우고, 자연과 인간의 바람직한 관계에 대해서 깊이 생각할 수 있게 될 거야. 무엇보다도 정신 노동과 육체 노동이 갈라져야 한다는, 또 정신 노동을 하는 사람은 육체 노동을 하는 사람보다 더 우대를 받는 것이 당연하다는 잘못된 편견을 버리게 될 것이다.

이 모든 일이 쉽지는 않겠지. 지금 도시에 사는 학부모들 가운데 이 이야기에 귀 기울이려는 사람이 얼마 없을 것이다. 좋지 않은 버릇에 길이 들다 보면 고치기 어렵고 또 고치기 싫어지는 법이야. 당장에 교육 제도를 이렇게 바꾸겠다고 하면 모두들 벌 떼처럼 들고 일어날지 모르지. 하지만 말이다. 지금은 꿈같이 여겨지는 이 아버지의 생각이 머지않아 이 땅에 참된 교육 이념으로 굳게 뿌리내리게 되리라고 나는 믿는다.

그 날이 언제일까? 어쩌면 이 아버지가 죽고 난 뒤에나 가능할지도 모르지만, 그렇다고 해서 아무 일도 하지 않고 무작정 기다리고 있을 수만은 없지. 이 모든 계획은 우선 무엇보다도 민주적이고 자주적인 교육이 이루어지고 난 뒤에야 실천할 수 있을 테니까, 우선은 교육의 민주화와 자주화를 위해 애써야 하겠지. 그런데 생각해 보면 사회의 민주화와 자주화 없이 교육의 민주화와 자주화만 따로 있을 수는 없는 법 아니겠니?

자, 이제 우리 사회가 참뜻에서 민주화, 자주화되고, 학교 교육도 민주화, 자주화되었다고 치자. 그러면 우리 마을은 어떤 모습을 갖게 될까? 먼저 우리 마을에 자가용을 가진 사람들이 눈에 띄지 않을 것 같다. 그 대신 자전거의 숫자는 늘고. 왜냐고? 모든 학부형들의 직장이 걸어서 다닐 수 있는 거리 안에 있을 텐데 차가 왜 필요하겠니? 아주 특별한 일이 있을 때, 출장을 갈 때 차가 필요하면 마을에서 함께 쓰는 차를 가지고 가겠지. 간단한 물건을 만드는 데는 학교 작업장을 이용하면 되지만 특수한 연장이 필요한 경우에는 동네 아저씨가 일하는 근처 공장에 찾아가면 되고.

우리 마을에는 모두가 공짜로 다닐 수 있는 데다 시설도 잘 갖추어진 고등 학교가 여럿 있어서 대학에 가고 싶은 사람은 수업료를 내지 않고 공부를 계속할 수 있겠지. 학생들이 일해서 생기는 소득으로 어쩌면 대학까지도 학생들 스스로 꾸려 나갈 수 있을 거야. 학생 열다섯에 선생님이 한 분씩이고, 공부는 모두 문제 해결을 통한 발견 학습이어서 선생님은 도움말만 주면 되지. 거기다 모든 학사 운영도 학생들 스스로 꾸려 갈 수 있을 거야. 학급 신문과 학교 신문을 펴내는 것은 물론이고 학생들이 만든 연극을 공연하고 민요와 민속 무용에 바탕을 둔 우리 고유의 노래와 춤사위도 만들겠구나. 모든 운동 경기는 겨루기보다는 서로 돕는 데 바탕을 둘 거니까 이기는 편도 지는 편도 모두 홍겨워지겠지. 공동체 안의 문화도 마찬가지 모습을 지닐 거다.

아마 우리 마을에서는 대학에 가고 싶어하는 젊은이가 많지 않을 거야. 고등 학교만 다녀도 배울 것은 다 배우고 버는 것도 대학을 나온 사람과

차이가 없거든. 대학을 나오면 책임만 무거워진다고 생각하는 사람이 많을 거야.

아, 이제 그만 여기에서 그만두어야겠다. 일과 공부를 따로 생각하고, 육체 노동으로부터 완전히 소외되고도 그것을 당연하게 여기는 너와 도시의 네 동무들이 안타까워서 이야기를 시작한 것이 이렇게 엉뚱하게 곁가지를 쳤구나.

—아비가

⑬
아빠와 나
우잉

햐~ 미술 시간인데...
1

만화만 그리냐?!
2

수학시간에도...
3

만화만 그리고 !!!
방-
방-
4

너 같이 하면 커서
쓰레기가 될거다!
5

만화가가 되었답니다!
메롱~
FIN.
6

※ 이 만화는 98% 실화임.

어디로 가서 무엇을 배워야 할까

나래가 민주에게

민주야.

앞으로도 요즘처럼 모든 것이 절망스럽다면 하루도 더 살 수 없을 것 같다. 내 앞에 열려 있던 그 많은 가능성의 문들이 내가 그리로 발길을 돌리자마자 하나하나 코앞에서 쾅쾅 매정하게 닫혀 버리고, 지금 나는 깊은 수렁에 빠진 기분이야.

도시락 두 개와 온갖 참고서로 가득한 책가방이 천 근 만 근 어깨를 짓누르고, 아무리 이래 봐야 대학 가기는 틀렸는데 내가 지금 뭘 하나 싶은 마음뿐이야. 아버지와 어머니는 이제 내 성적에 대해서는 아무 말도 하지 않아. 고등 학교도 겨우겨우 턱걸이로 들어갔으니까 지레 포기를 하신 것 같아.

중학교 때는 그래도 행복했는데 말이야. 너 그 때 날마다 나 놀렸지? 미술 선생님 짝사랑하는 거 아니냐고 말이야. 지금도 미술 선생님 생각만 하면 눈물이 나려고 해. 너도 알다시피 중학교 1학년 때부터 내가 만화 솜씨 하나는 끝내 줬지 않니? 그래서 그 때 미술 선생님께 어지간히 퇴박을 맞기도 했지. 그림을 그리라면 사람이고 집이고 풍경이고 정물이고 죄다 꼬물꼬물 만화로 그려 놓기 일쑤였으니까.

사실 난 어릴 때부터 만화가가 되고 싶었어. 그래서 만화 주인공을 얼마나 열심히 그렸다고. 어떤 때는 그것을 잡지사로 보내 독자 만화란에 실리기도 했지. 그 때마다 얼마나 자랑스럽고 우쭐했는지 몰라. 친구들도 다 부러워했지. 그런데도 초등 학교 때부터 내 만화 솜씨는 미술 시간만 되면 퇴박맞기 일쑤였어. 선생님들은 만화는 그림이 아니라고 했어. 그림을 그릴 때는 대상을 잘 관찰하고 있는 그대로 그리는 것이 중요하다고 말이야. 내 그림은 낙서나 다름없고, 성의가 없는 데다가, 산만하고 너저분하기 짝이 없다는 거야. 아무리 정성들여서 열심히 그려도 소용이 없었어. 그래서 미술 점수는 늘 꼴찌일 수밖에 없었지.

제 버릇 개 못 준다고 중학교에 가서도 마찬가지였어. 늘 선생님들께 야단을 맞기는 했지만 사실 그래도 미술 시간은 나에게 가장 즐거운 시간이었어. 기억나? 선생님은 야단치셨지만 너희들은 내 그림을 보고 늘 재미있다고 했잖아? 그런데 2학년 때 우리 학교에 미술 선생님이 새로 오셨잖아. 빼빼 마르고 휘청휘청 걷는 그 '왕눈이' 선생님이. 그 선생님의 커다란 퉁방울 눈을 보고 네가 맨 먼저 소리쳤지 아마? "와, 개구리 왕눈이다." 하고 말이야. 나는 그 선생님이 미술 수업에 들어오셨을 때, '나 때문에 골치 아파할 선생님이 한 분 더 늘었군.' 정도로만 생각했어.

그래서 그 선생님이 아무것이나 그리고 싶은 것을 마음대로 그려 보라고 했을 때도, 아이들 그림을 보고 다니다가 내 책상 앞에 오랫동안 서 있을 때도 기분이 무척 언짢았어. 계속 내려다보고 있길래 당장에 걷어치우고 싶었지만 꾹 참았어. 뭐 새삼스럽게 잘 보일 필요도 없고, 잘 보이려고 애써 봤자 신통한 결과가 있을 턱도 없어서 늘 하던 대로, 내 기분대로 그

렸지. 꼼질꼼질 만화 같은 그림을 그야말로 괴발개발 내내 그렸어. 그런 데, 그런데 말이야. 그 다음 시간에 선생님은 우리들의 그림 뒤에 하나하 나 평가를 써 주셨는데, 내 그림 뒤에 뭐라고 적어 주셨는지 아니? 아주 재미있고 독창성이 살아 있는 그림이라는 거야. 나중에 훌륭한 일러스트 레이터가 될 가능성이 엿보인다고도 하셨어.

자, 이제까지 학교에서 누구에게도 학과 공부 잘한다고 칭찬을 들어 본 적이 없던 이 윤나래가 선생님에게, 그것도 꿈에도 기대하지 못했던 미술 선생님한테 칭찬을 들었으니 그 기분이 어땠겠어? 짐작할 만하지? 그 때 부터 왕눈이 선생님은 내 나이 많은 친구가 된 거야. 선생님이 나를 보고 씩 웃으면서 "수업 끝나면 늘 밤늦게까지 미술실에 있으니까 그림 그리고 싶으면 언제든지 와." 하셨을 때는 구름 위를 걷는 것 같았어.

이렇게 해서 우리는 하나 둘 미술실 근처를 얼쩡대기 시작했어. 나중에 알고 보니, 거기 모인 애치고 미술 실기 점수가 바닥이 아닌 아이가 없었 어. 그리고 하나하나 완성된 우리의 그림들은 곧 미술실 벽을 채우기 시작 했는데, 그 그림들을 보고 서로 낄낄대며 웃지 않을 수 없었지. 세상에, 어 쩌면 그렇게 하나같이 제멋대로들 그렸는지, 비슷한 그림이 하나도 없지 뭐야. 선생님은,

"너희들도 어지간하다. 유치원에서부터 따지면 십 년 넘게 그림을 그려 왔을 텐데, 아직까지 그 고집들을 버리지 못했으니 말이야."
하고 중얼거리셨어. 그리고 보니, 선생님은 미술 대회에 나가서 늘 상을 받아 오는 아이들을 제쳐 놓고 일부러 우리들을 고른 것 같았어. 우리 나 름으로는 우리가 그 선생님을 골랐다고 믿었지만.

그런데, 이상한 것은 그 선생님이 한 번도 우리에게 그림을 이렇게 그려 라, 저렇게 그려라 간섭하지 않았다는 거야. 그리고 싶을 때 와서 그리고

싶은 것을 그리라는 게 간섭이라면 간섭일까. 어쩌다 우리가 선생님 그림을 흉내낼 때도 있었는데, 그 때마다 선생님은 내놓고 아주 싫어하셨어. 흉내 그림은 진짜 그림이 아니라고 하시면서.

선생님은 사람마다 사물을 보는 눈이 다르다고 했어. 저마다 다른 방향으로 느낌과 생각에 따라 표현한 작품은 그 안에 다른 사람은 흉내낼 수 없는 독창성을 담고 있다는 거야. 그런 독창성을 담고 있는 작품은 사물의 새로운 질서와 법칙을 드러내고 인류의 사고와 정서를 풍요롭게 해 주기 때문에 무척이나 중요하다고 말이야. 우리의 특수한 생각과 느낌은 인류가 이제까지 발견한 보편적인 인식과 정서를 넓혀 준다는 거지. 또, 아프리카의 미술 전통도 유럽 미술이나 중국 미술의 전통 못지않게 인류의 귀중한 문화 유산이라고 하셨어. 피카소 같은 뛰어난 화가조차 아프리카 원주민들의 조각을 보고 찬탄을 멈추지 못했잖아. 그것도 조각들에 담겨 있는 세계에 대한 새로운 인식 체계와 정서 구조 때문이었다고 말이야.

언젠가 선생님은 우리들에게 "너희들 그림을 보면서 배우는 것이 하도 많아서 너희들을 선생님으로 모시고 싶은 생각이 드는 때가 한두 번이 아니다." 하고 말했어. 그것도 우리가 가진 독창성 때문이었던 것 같아.

그 해 여름 방학과 겨울 방학은 선생님과 미술실에서 살다시피 했지. 그 때 완성한 이야기 그림은 아직도 내 책상 서랍에 간직하고 있어. 꼬박 한 해 동안 그린, 나에게는 가장 소중한 그림이야. 언덕에 서 있는 조그마한 한 그루 나무 이야기인데, 들어 볼래?

언덕에 나무 한 그루가 서 있었어. 봄이 오고 여름이 왔어. 그런데 같은 나무에서 자란 가지와 잎인데도 위쪽에 있는 잎사귀와 아래쪽에 있는 잎사귀들

은 사이가 좋지 않았어. 아래쪽에 있는 잎사귀는 위쪽에 있는 잎사귀 때문에 하늘에 있는 해와 달과 별과 구름을 제대로 볼 수 없다고 투덜대고, 위쪽 잎사귀는 아래쪽 잎사귀가 가리고 있어서 개미나 강아지나 어린애나 그 밖에 땅에 사는 여러 가지 것들을 볼 수 없다고 볼이 부어 있었어.

그러던 어느 날 나비 애벌레들이 나무 위에 올라왔어. 잎사귀들은 애벌레들에게 서로 상대편을 가리키면서 저 쪽이 더 맛있다고 일러바쳤어. 애벌레들은 아래쪽 위쪽 가리지 않고 잎사귀들을 닥치는 대로 갉아먹기 시작했어. 그래서 그 해에 나무는 거의 죽을 뻔했지.

이듬해가 되었어. 새들이 집을 지으려고 나무를 찾아왔어. 여름이 되자 다시 애벌레들이 나무 위로 기어올라오기 시작했지. 잎사귀들은 이번에는 서로 싸우지 않고 새들에게 애벌레들을 남김없이 잡아먹어 달라고 부탁했어. 어쩌다 잎사귀 뒤에 몸을 숨긴 애벌레마저 일러바쳤어. 그 해는 나뭇잎이 아주 무성하게 우거졌어.

그런데 다음 해 봄, 큰 문제가 생겼어. 꽃이 피었는데 나비가 날아오지 않는 거야. 지난해에 애벌레가 한 마리도 살아남지 못한 탓이었어. 나비가 없으니 나무는 그 해 열매를 하나도 맺지 못했대.

다시 이듬해 봄이 왔어. 이제 잎사귀들은 서로 싸우지도 않고, 우듬지에 앉아 있는 새에게 애벌레가 그늘에 숨어 있다고 일러바치지도 않았어.

그 다음 해 봄, 화사한 꽃을 피운 나무에는 호랑나비들이 참 많이 날아들었단다.

어때? 내 딴에는 무척 고민해서 이야기를 만들고 그림을 그렸던 거야. 언젠가 너한테도 보여 줄게.

중학교에 다닐 때까지는 그 미술 선생님 덕분에 그래도 참을 만했어. 그런데 지금은 견딜 수가 없어. 자율 학습이다, 보충 학습이다 해서 꼭두새벽부터 밤늦게까지 책상머리에 붙어 있어야 하고, 내가 평소에 좋아하던 미술 시간이나 음악 시간, 그리고 체육 시간이나 특별 활동 시간, 학급 활동 시간은 어느 틈에 슬그머니 없어져 버린 거야.

우리 학교 얼마나 지독한 줄 아니? 작년에는 한 해를 통틀어서 딱 두 번 음악실에 갔어. 나머지 시간은 행사 때문에 빠진 영어와 수학 같은 대학 입시 과목으로 돌리거나 자습으로 바꾸어서 입시 공부를 하게 했어. 미술 시간도, 체육 시간도 마찬가지였어. 특별 활동이나 학급 활동 시간 같은 것은 아예 없애 버렸으니까 말할 것도 없고. 전인 교육? 대학 입시가 코앞에 닥쳤는데 전인 교육이 문제겠어? 그런 잠꼬대는 하지도 말라는 거지.

어디 그뿐이야? 지난번에 우리 학교 보충 수업과 자율 학습 시간 없앤다고 했잖아? 그것도 없던 일로 하기로 했어. 교장 선생님과 교감 선생님이 부모님들을 불렀거든. 그렇지 않아도 우리 학교는 대학 입학률이 강남에 있는 학교의 절반에도 못 미치는데 보충 수업, 자율 학습까지 안 하면 일류 대학에는 한 명도 못 갈 거라고, 도대체 대학에 들어갈 애가 몇이나 될지 걱정스럽다고 위협도 하고 달래기도 했다나 봐. 그렇지 않아도 자율 학습, 보충 수업 없어진 뒤로 일찍 집에 돌아와 빈둥빈둥 놀거나 책가방 던져 놓고 밖으로만 나도는 자식들이 은근히 걱정되고 불안했던 부모님들도 잘 됐다고 생각한 거지. 사실, 학교에 와서 자율 학습 시간, 보충 수업 시간이 어떻게 흘러가는지 한 번이라도 본다면 차라리 집에서 노는 편이 정신 건강에든 육체 건강에든, 훨씬 낫다는 것을 아실 텐데 말이야.

그렇게 해서 결국은 부모가 허락하는 학생은 자율 학습 시간에 빠져도

된다고 결정이 났어. 하지만 말이 쉽지 그게 그렇게 되니? 나부터 집에서 눈치가 보여. 그렇지 않아도 공부 못하는 딸, 그나마 공부하는 척이라도 해서 부모님 안심이나 시켜 드리자 하는 생각에 밤늦게까지 학교에 남아 책을 펼쳐 놓고 허구한 날 꾸벅꾸벅 졸고 있는 거지.

너, 얼마 전에 우리 반 세계사 수업 시간에 무슨 일이 있었는지 아니? 우리 세계사 선생님 무척 좋은 분이야. 수업도 재미있고. 영어나 수학, 국어 같은 수업 시간에는 줄창 졸기만 하는 나 같은 애들도, 세계사 시간에는 눈이 초롱초롱해지거든. 우리는 이 선생님에게 세계 역사를 움직여 온 사람들은 위대한 정치가나 군인들, 지식인이 아니라 이름 없는 많은 사람들이라는 것을 배웠어. 그 사람들이 피땀으로 마련한 물질의 바탕 위에서 역사가 움직였다는 것을 말이야.

그런데, 세계사는 어차피 점수가 높은 과목이 아니잖아? 그래서 어떤 학교는 이 세계사 시간을 아예 자습으로 돌리기도 했다 그러고, 또 어떤 학교는 수학 문제를 풀거나 영어 단어를 외우거나 다른 과목 참고서를 보거나 하면서 딴전을 피우는 아이들을 눈감아 준대. 우리 반 애들 가운데도 시험에도 잘 안 나오는 이런 과목에 시간 낭비하지 말고 시간을 쓸모 있게 쓰자는 생각을 가진 애들이 있지.

문제는 무엇이 시간 낭비고 어떤 것이 시간을 쓸모 있게 쓰는 것인지, 선생님과 그 애들의 기준이 다르다는 데 있었지. 야, 세세사 신생님 무섭더라. 평소에는 그렇게 좋기만 하더니 글쎄 딴전을 피우는 애들을 모두 교실에서 몰아 내잖아?

"너희들 초조한 마음은 이해한다. 이 시간을 낭비라고 생각한다는 것도 잘 알고 있고. 잘못된 입시 교육 때문에 너희들이 가장 소중한 것으로 여겨야 할 학과 시간이 하잘것없는 것으로 외면당하는 것도 알아. 그러나 나는 세계사가 영어나 수학 못지않게 중요하다고 생각해. 시간이 아까운 사람은 내 수업에 들어오지 않아도 좋다. 단 한 사람만 남고 다 나가도 수업은 할 테니까. 다만 다른 책을 펴 놓거나 잡담을 하거나 해서 수업을 방해하는 것은 받아들일 수 없다."

고 하면서 말이야.

그런데 그렇게 교실에서 쫓겨난 애들이 대개는 공부를 잘하는 축에 끼는 애들이었어. 이 애들은 전에도 선생님이 베트남이나 알제리, 남아프리카연방공화국이나, 쿠바, 니카라과 같은 제3세계 나라의 역사를 이야기할 때는 늘 "그건 교과서에 없는 이야기인데요. 우리 진도 나가요." 하고 선생님 말씀을 가로막고는 했지. 그 때마다 선생님은 아주 절망하는 것 같았어. 결국 선생님은 수업을 그만두든가 학생들을 내버려 두든가 둘 중에 하나를 고르라는 강요를 받았어. 둘 중 어느 것도 받아들일 수 없다고 우기던 선생님은 결국 우리 반 수업에 못 들어오게 되셨지.

한때는 그림책을 그리는 화가가 되면 좋겠다고 생각했더니 미술 시간이 없어지고, 세계사 공부를 좀 열심히 해서 나중에 제3세계 민족 해방 운동에 대해서 연구하는 학자가 될까 생각했더니 좋아하던 세계사 선생님이 수업을 그만두고…….

우리 아빠 말씀이 '있을 게 있고, 없을 게 없는 세상' 이 좋은 세상이라던데, 이건 어떻게 된 셈인지 집에서도, 학교에서도, 세상에서도 있어야 할 것은 자꾸 없어지고 거꾸로 없어야 할 것은 하루가 다르게 늘어나는 것만 같아. 우리가 어른이 될 때 이 세상이 어떻게 바뀌게 될까 생각하면 마음이 저절로 울적해져.

우리가 배우고 싶은 것을, 배우고 싶은 선생님한테 배울 수 있는 날이 언제쯤 올까? 공부 못하는 우리끼리라도 똘똘 뭉쳐서 세계사 선생님을 지

켜 드리지 못한 것이 뒤늦게야 후회되고 지금은 온통 앞길이 깜깜하기만

하다. 난 이제 어디로 가야 하지?

—나래가

⑭

우일

아빠와 나

아들아,
꼭 1등을
하거라!
왜요?

인석아!
1등이 아니면
잊혀지느니라!

최선을 다하는 게
1등하는 것보다
중요하다던데...

어떤 놈이
그딴 소릴!
그놈은 분명
1등 못한 놈이다!
버   럭!

그래서 아빤
1등 했어요?

으음...

잊혀졌구나?

우일

자살을 꿈꾸는 민주에게

민주야.

　지난번 네 편지 받고 충격을 받았다. 희망이 없다고, 죽고 싶다고 그랬지? 엄마가 없었다면 지금쯤 아빠 곁에 있을지도 모르겠다고……. 네 이야기를 듣고 문득 몇 년 전에 스스로 목숨을 끊은 언니가 생각났어. 너도 기억할 거야. 그 때 신문에 났던 유서를 옮겨 적어 놓은 내 일기장을 다시 들춰 보았단다.

　난 일등 같은 것은 싫은데……, 앉아서 공부만 하는 그런 학생은 싫은데, 난 꿈이 따로 있는데, 난 친구가 필요한데……, 이 모든 것은 엄마가 싫어하는 것이지. 난 인간인데. 난 친구를 좋아할 수 있고, 헤어짐에 울 수도 있는 사람인데. (줄임) 나에게 항상 수단과 방법을 가리지 말고 이기라고 하는 분. 항상 나에게 친구와 사귀지 말라는 슬픈 말만 하시는 분. (줄임) 공부만 해서 행복한 건 아니잖아? 공부만 한다고 잘난 것도 아니잖아? 무엇이든지 최선을 다해 이 사회에 봉사하고, 가난하고 불쌍한 사람을 위해 조금이라도 도움을 주면 그것이 보람

있고 행복한 거잖아? (줄임) 난 로봇도 아니고, 인형도 아니고, 돌멩이처럼 감정
이 없는 물건도 아니다. 밟히다, 밟히다 내 소중한 내 삶의 인생관이나 가치관
까지 밟혀 버릴 땐, 난 그 이상 참지 못하고 이렇게 떤다.

난 이 언니가 자살을 했다고 생각하지 않아. 스스로 목숨을 끊은 것이니
까 겉으로 보기에는 자살처럼 보이지. 그러나 이건 자살하는 사람의 글이
아니야. 정말 사람답게 살고자 하는 사람의 절규지. 누가 이 언니를 죽음
으로 몰고 갔을까? 이 언니의 엄마? 아니야, 이 언니의 엄마도 우리 사회
를 지배하는 잘못된 가치관의 희생자일 뿐이야. 늘 수단과 방법을 가리지
말고 이기라고 하는 분이 어디 이 엄마뿐이겠어? 온 사회가 우리에게 그
것을 부추기고 있는데.

　지금 우리는 뭣 때문에 공부하고 있지? 대학에 들어가기 위해서, 그것
도 일류 대학에 들어가기 위해서야. 전인 교육? 홍익인간? 그건 말뿐이라
고. 전인 교육이 뭐야? 사람다운 사람을 기르자는 게 전인 교육 아니야?
그럼 사람다운 사람은 뭐야? 친구와 이웃을 좋아하고, 헤어지면 섭섭해서
울고, 무슨 일을 하든지 최선을 다해서 사회에 봉사하고, 가난하고 불쌍한
사람들에게 도움을 주면서 보람을 찾고 행복을 맛보는 사람이 사람다운
사람 아니야? 그러니까 죽은 언니가 목숨보다 더 소중하게 간직하고 여겼
던 그 꿈이 바로 전인 교육이었다고 생각해.

　그런데, 우리 선생님들이나 부모님은 우리를 뭘로 알고 있니? 로봇이나
인형, 돌멩이처럼 감정도 없고 판단도 못 하는 존재로 알고 있어. 친구와
우정을 나누는 대신, 싸워서 거꾸러뜨려야 하는 적이라고 가르치고 있어.
그러면서도 말만 번지르르하게 홍익인간 어쩌고저쩌고, 전인 교육 어쩌고
저쩌고하는 거지. 그 결과는 뭐지? 이 언니처럼 착하고 소박한 사람을 절

망의 구렁텅이에 빠뜨리고 결국 목숨을 끊어야 하는 막다른 골목까지 몰아가는 거야.

해마다 수많은 우리 나라 학생들이 목숨을 끊고 있다는 것 너도 잘 알지? 신문에 발표된 아이들만 한 해에 백 명이 넘는대. 하지만 너처럼 자살을 꿈꾸는 사람은 많아도, 결국 자살에 이르게 되는 사람은 몇백 명 가운데 하나 둘에 지나지 않는다는 것을 생각하면 엄청나게 많은 아이들이 자살을 생각한다는 말이 돼. 나라고 해서 죽어 버리고 싶은 순간이 왜 없었겠니? 초등 학교 졸업하고 중학교 1, 2학년 때까지만 해도 괜찮았지. 어쩌다 반장에 뽑히고 그 체면 세우느라 교과서를 달달 외우다시피 했더니 반에서 1, 2등을 놓치지 않은 데다가, 별난 아버지 밑에서 자란 덕분에 아직 세상 물정을 모를 때였으니까.

문제는 중학교 2학년 2학기 때부터 생기기 시작했어. 초등 학교 다닐 때부터 내가 얼마나 각쟁이였던지 부모님 걱정이 태산 같았어. 그저 나만 아는 철부지였거든. 그런데 2학년 2학기 때부터 친구들이 생기기 시작한 거야.

반에서 꼴찌는 도맡아 한다고 반 아이들과 선생님께 은근히 따돌림당하던 순임이라는 친구가 있었어. 나는 어느 날 순임이가 바느질을 기가 막히게 하는 것을 보고는 깜짝 놀랐지. 처음에는 가사 선생님도 못 믿는 눈치더라. 순임이가 수놓은 것을 보고는 마치 죄인 다루듯이 "이거 정말 네가 수놓은 거 맞니?" 하고 물을 정도였으니까. 순임이는 얼굴이 빨갛게 달아올라 울먹울먹할 뿐 대답을 하지 못했어.

하지만 수예 시간에 순임이가 손수 보여 준 바느질 솜씨는 우리 모두의 입을 딱 벌어지게 만들었단다. 한 땀씩 만들어 가는 정교한 바느질 솜씨와 재빠른 손놀림, 그리고 그 진지한 표정이라니! 늘 얼빠진 사람처럼 초점을 잃고 있던 순임이 눈이 그 순간에는 그렇게 빛날 수가 없더라. 그 때부터 나는 순임이가 좋아졌어. 만일 우리 나라 대학에 수예과가 있고, 실기 잘하는 사람 차례로 학생을 뽑는다면 순임이는 틀림없이 일등으로 들어갈 수 있을 거야. 순임이가 외과 의사가 된다면 그 뛰어난 가위질 솜씨와 바느질 솜씨로 틀림없이 봉합 수술의 일인자가 되지 않았을까? 이런 아이가 인정을 받지 못하고 있다니!

어디 순임이뿐이냐! 말썽꾸러기로 유명했던 덕주는 또 어떻고? 우장산에 소풍갔을 때 덕주가 보여 주었던 곱사춤과, 전라도 사투리로 엮어 대는 구수한 만담은 아이들뿐만 아니라 선생님들까지 허리를 가누지 못하게 만들었어. 너도 잘 알다시피 우리가 흉내내는 춤이나 만담은 고작 텔레비전 개그 프로그램 같은 데서 보았던 어설픈 어릿광대짓에 지나지 않잖아? 그런데 덕주가 보여 준 것은 전혀 달랐어. 그건 그야말로 예술이었으니까. 곱사춤부터 시작해서 갖가지 병신춤까지, 덕주의 표정과 손짓, 발짓에 우리 모두 오두발광을 하면서 배꼽을 잡았어. 하지만, 웃고 난 뒤에는 뭔지 알 수 없는 애잔한 슬픔 같은 것이 가슴에 복받치더라고, 한숨 소리 같은, 아주 답답하고 허전한……. 나만 그렇게 느꼈던 것은 아니었던 것 같아.

만담도 그랬지. 아기 못 낳는 것이 서러워 목매달아 죽은 시골 양반집 딸이, 홍수 때 떠내려가는 돼지를 건져 내려다가 물에 빠져 죽은 상놈 집 아들과 혼인하는 혼례 마당 이야기였는데, 신부 쪽 양반 유세에 화가 난 총각의 어머니 개똥 어멈이 처녀 아버지인 유무식 영감에게 대거리를 하는 장면이 그렇게 생생하고 실감날 수 없더라.

"아따, 니미럴 이승에서나 양반 찾고 상놈 찾제, 그 좋은 저승에서야 양반이 어디 있고 상놈이 어디 있다요? 그래도 양반 같은 내 새긴게 상시럽게 쌔(혀) 빼물고 있는 이녁 딸 데려가는 줄 알기나 허쏘."

누구라도 한 가지씩 남다른 재능이나 장점을 가지고 있더구나. 이 아이들과 어울려서 놀다 보니까 그야말로 세월아, 네월아였지. 내가 갑자기 친구들을 떼거리로 집에 데리고 오기 시작하자 우리 아버지, 어머니 입이 함지박만 해졌지 뭐냐.

우리 집은 밤에도 문을 잠그지 않는 집이야. 물론 아버지가 집에 오는 시간이 늦은 탓도 있지만 그보다는 언제 어떤 사람이 새벽 몇 시에 문을 박차고 들어올지 모르기 때문이야. 아버지 손님들은 대개 밤에 오는 밤 손님들이거든. 어머니 손님은 낮 손님인데 유난히 여자에게 친절한 우리 아버지는 어머니 친구가 올 때마다 열심히 차를 끓여서 나르지. 이렇게 날마다 북새통이던 집에서 하나밖에 없는 딸이, 집에 친구들을 데리고 오지 않으니 얼마나 걱정이 많으셨겠니? 그런데 드디어 집안 핏줄은 못 속인다고 내 친구들이 등장한 거야. 짠!

그러나저러나 딸이 붙임성 좋아진 것은 반길 만한 일이로되, 어머니에게 걱정거리가 생기지 않았겠니? 내 성적이 삽시간에 곤두박질치기 시작하는데, 그야말로 에베레스트 정상에서 몽블랑으로, 몽블랑에서 백두산으로, 백두산에서 한라산으로, 한라산에서 동네 뒷동산까지 쭈르르! 다른 일로는 무덤덤한 아버지 대신 우리를 혼내던 어머니였지만 학교 성적 가지고는 이러고저러고 쓰다 달다 말이 없는 분이었는데, 일이 여기까지 이르자 어머니가 그만 마음을 바꿔 먹고야 말았지 뭐냐. 낙담, 절망!

우리 어머니로 말할 것 같으면, 초등 학교에서도 일등, 중학교, 고등 학교에서도 일등, 대학 들어갈 때도 일등, 졸업할 때도 일등, 대학원 들어가면서도 일등이었으니, 이만하면 말 다 했지? 이런 우리 어머니를 두고 아버지는 "나는 불량 학생이었기 때문에 공부 안 하고(못하는 게 아냐, 안 하는 거지.) 삐딱하게 노는 아이들 마음을 잘 아는데, 당신은 그 모범생 기질 때문에 애들에 대해서 너무 몰라." 하고 으스대는 때가 많지. 성적이 무섭기는 정말 무섭더라. 우리 어머니 같은 분의 마음까지 흔들어 놓았으니 말이야. 드디어 어느 날, 죽고만 싶더라. 신나게 아래로 아래로 미끄럼질 치는 내 성적 때문에 아버지와 어머니가 말다툼하는 모습까지 보게 되었으니.

그 언니 말대로 "행복은 성적순이 아니잖아?" 그리고 그 성적순이라는 건 또 도대체 뭐니? 어디 사람이 걸음마도 성적순으로 익히고, 말도 성적순으로 배우니? 우리 아버지가 늘 하는 말이지만, 사람 새끼란 두 뒷발로 몸을 지탱하고 두 앞발 놀려 일할 수 있고, 오순도순 이야기 나누면서 서로 도와 가며 살 수 있으면 사람 구실은 하게 되어 있는 법이야. 걷고, 손 놀리고, 말할 수만 있다면 그걸로 중요한 삶의 능력은 다 갖춘 것이고, 그 밖의 능력이라는 것은 도토리 키재기라는 거지.

아버지와 어머니가 싸울 때, 아버지가 버릇처럼 늘 하는 소리가 있어. 들어 볼래?

"사람의 단점이란 눈에 띄기 쉬워서 누구나 장점보다는 단점이 더 많은 것처럼 보이지. 하지만 오래 사귀면서 꼼꼼히 살펴보면 모든 사람에게 그 사람의 단점을 다 보탠 것보다 훨씬 더 큰 장점이 있기 마련이야. 한 사람, 한 사람이 지니고 있는 저마다 다른 장점을 발견하고 그것을 키워 가도록 도와 주어야지, 제멋대로 틀을 하나 만들어서 그 틀에 맞는 놈만 골라 내는 게 부모나 선생이나 사회가 할 일이 아니야.

성적이라는 게 뭐야? 사람의 재능이라는 것은 모두 차이가 있어. 이 세상 사람 수만큼 저마다 다른 재능이 있고, 그 재능을 쓸 곳이 있다고 봐야 해. 그런데 그렇게나 다양한 재능을 몇 개 안 되는 교과 과목이라는

틀로 어떻게 가려 낼 수 있다는 거야? 교과 과목의 한계를 뼈저리게 느끼지 못하고 그것만 옳다고 하는 제도 교육 때문에 얼마나 많은 학생이 희생당하고 있는 줄 알아? 부처는 8만 4천 개나 되는 틀로 사람들을 가르쳤어. 그러고도 뒷날 사람들이 그 틀에 맞추느라, 살아 움직이는 저마다 다른 재능을 가두지나 않을까 걱정했어. 그러고는 "나는 한 마디도 말한 것이 없다." 하고 덧붙이기를 잊지 않았어. 〈금강경〉이니 뭐니 하는 불경들도 시작할 때는 꼭 "나는 이렇게 들었노라." 한다는 거야.

살아 있는 것을 좁은 틀에 오래 가두어 두면 죽거나 병신이 되기 마련이야. 그래서 감옥이라는 틀도 지나치게 오래 사람을 가두어 두는 것을 꺼리는 거야. 그런데, 지금 우리 아이들에게 무슨 일이 일어나고 있지? 한 해에도 백 명이 넘는 학생들이 죽어 가고 있어. 이건 자살이 아니야. 욕심 덩어리 사회를 이어 가느라 아이들을 그 욕심의 틀에 가두어 죽이고 있는 거지. 당신도, 나도 이 교육 타살의 공범자야. 살인자들이지. 다행히 죽음을 모면했다고 해도 무쇠처럼 단단한 틀이 온몸을 옥죄는 통에 몸도 마음도 상처투성이가 된 학생들은 어떻게 해야 하지?

그렇다고 내가 제도 교육을 무조건 없애야 한다는 건 아니야. 물론 인류가, 그리고 우리 겨레가 오랜 시련을 겪으면서 쌓아 온 문화 유산을 이어받아야지. 그러나 주관 없이 받아들여서는 안 돼. 우리의 실제 삶의 문제 속에서 모든 문화 유산을 비판의 눈으로 살펴보고, 학생 한 사람 한 사람이 거기에서 실제로 도움을 얻을 수 있는 것들만 골라서 이어받아야 해. 몇 과목 되지도 않는 데다가 아무 연관 없이 형식만으로 짜 놓은 교과 내용을 잘 이해하지 못한다고 해서 어떤 학생을 열등생으로 몰아붙여서는 안 돼. 남의 나라 예를 들어서 안됐지만, 에디슨 경우를 보자고. 선생은 에디슨을 바보라고 생각했어. 하지만 문제는 에디슨이 아니라 에디슨의 재능을 키워 주지 못했던 무능한 제도 교육에 있었던 거야.

자라나는 아이들을 죽이거나 팔다리만 멀쩡한 병신으로 만드는 사회에는 미래가 없어. 이런 끔찍한 경쟁에서 아이들이 그래도 살아남고자 애쓰고 밝은 미래를 그리는 것은 기적에 가까운 일이야. 잘못된 제도 교육의 편에서 아이들을 못살게 구는 대신, 우리 모두가 아이들 편에서 입시 위주의 이 지옥 같은 교육 제도를 바꾸도록 노력해야 해. 몇몇 학생만 빼고 나머지는 모두 뒤떨어진 사람으로 만드는 교육은 분명히 잘못된 거니까……."

민주야.

너나 내가 죽음을 생각하는 것은 아무리 애써 봐도 이 끔찍한 세상에서는 사람답고 행복하게 살 수 없다는 절망 때문일 거야. 죽은 언니가 유서에 쓴 것처럼 이 세상은 잘못된 가치관과 인생관을 가진 추악한 어른들 때문에 참으로 절망스러워. 하지만 민주야, 이 세상에는 네 아버지처럼 고귀하게 살다 간 사람들도 많고, 또 지금도 많은 사람들이 그렇게 살고 있어. 농부나 어부, 공장에서 우리 생활에 꼭 필요한 것을 생산해 내는 많은 노동자들의 삶도 마찬가지라고 생각해.

너, 나, 우리 모두 죽음의 덫에 치이지 말고 세상을 똑바로 보도록 하자. 우리마저 그 덫에 치여 목숨을 덧없이 버린다면, 우리가 앞으로 낳아서 기를 아이들의 운명도 마찬가지일 거야. 다행히 우리에게는 우리와 더불어 죽음의 덫에 맞서서 싸우고 있는 많은 선생님, 많은 이웃들이 있잖아?

나는 너만큼 세상을 잘 몰라. 네 아픔도 잘 모르고. 그러나 죽음의 한가운데서 열리는 길이 참 삶의 길이라는 것은 알아. 나도 옛날에는 왜 예수님이 광야에서 한 달 열흘이 넘도록 고통을 참아 냈는지 까닭을 몰랐어.

광야란 사막이고, 죽음이 지배하는 땅이지. 스스로를 고통의 한가운데까지 몰아넣으면서 예수님이 찾아 낸 것은 스스로도 살리고, 이웃도 살리는 큰 살림의 길이었어. 그 점에서는 부처님도 마찬가지인 것 같아. 부처님은 눈 덮인 산에서 6년 동안 거의 입지도 먹지도 않고 고행을 했대. 눈 덮인 산도 사막과 마찬가지로 죽음의 땅이었을 거야. 거기에서 먹지도 입지도 않고 지낸다는 것은 자신을 죽음의 고통 속에 내맡겼다는 이야기일 거야. 그 고통을 이겨 내는 과정이 바로 삶의 길을 찾는 과정이었고, 덕분에 많은 사람들이 살 길을 찾았다고 생각해.

우리도 지금 이 땅에서 고통을 겪으니 차라리 죽는 것이, 죽어 버리는 것이 더 낫겠다는 유혹에 시달리고 있어. 하지만 이겨 내야 해. 우리가 이겨 내서 마침내 죽음의 덫을 치우고 우리의 몸과 마음을 동여매고 있는 이 끔찍한 사슬을 끊어야, 우리뿐 아니라 우리 동생들과 우리 아이들도 살 길을 열 수 있어.

내 딴에는 너를 위로한답시고 말이 되는지 안 되는지도 모르고 주절주절 떠들어 댔는데, 도리어 네 작은 어깨에 짐만 하나 더 얹어 준 것은 아닌지 모르겠구나. 그렇지만 아무 생각 없이 덤벙대는 덜렁이 '천하의 농땡이'도 가끔 기특한 이야기를 하는 때가 있어.

민주야, 잘 있어. 겨울이 깊었는데 몸조심하고. 우리 같이 모진 추위를 잘 이겨 내자. 그리고 새봄이 오면 꽃 피울 겨울눈을 하나씩 열심히 마련하자. 어머, 그러고 보니 창 밖 목련나무의 겨울눈이 부쩍 자랐네!

—나래가

(15)
아빠와 나
우일
아빠!
드릴 말씀있슴다!

저의 성적으론
대학 가기 힘들것
같고…

중장비 일을
배우면
어떨까요?

헉!
뭐시?!
와장창!

이놈의 시키가
집안 망신을
시키려 들어?

너 죽고
나 죽자!
꼬꼭!

그 일이 어때서욧!
전 공부에 취미
없다구욧!

대학은 취미가
아니라
펑!
의무야! 의무!

군대냐?
의무게…
FIN.

공부 잘하는 사람보다 일 잘하는 사람이 더 훌륭하다

민주야.

나래에게 들었다. 학교를 그만두고 공장에 나가고 있다고? 어머니 때문에 어쩔 수 없었다는 이야기도 들었다. 잘했다. 나도 대학 선생이지만 마음 속으로는 대학에서 책으로 얻는 지식보다 일터에서 땀 흘려 일하면서 깨우치는 지혜가 훨씬 더 가치 있다고 생각한다. 그러니까 멋모르고 대학에 들어갔다가 뒤늦게 대학 공부를 때려치우고 공장에 들어가는 젊은이들이 있는 것 아니겠니?

나는 이 세상에서 가장 존경하는 사람을 들라면 두말 없이 네 아버지 같은 분을 든다. '금강산도 식후경'이라는 속담 알지? 이 말에는 인간의 경제 활동, 특히 의식주에 필요한 것을 만들고 가꾸는 일이 학문이나 예술 같은 문화 활동보다 중요하다는 뜻일 게다. 더 생각하면 생산하는 일을 격려하고 신명나게 하기 위한 것이라는 뜻이 담겨 있어.

그러니까 올바른 사회라면 육체 노동으로 우리를 배불리 먹이고, 따뜻하게 입히고, 편안한 잠자리를 마련해 주는 노동자, 농민이 누구보다 더 존경받고 대접받게 되어 있다는 말이다. 우리는 대통령이나 국회 의원이 없어도 살 수 있고, 대학 교수나 신문 기자가 없어도 살 수 있고, 소설가나 화가나 음악가가 따로 없어도 살 수 있고, 가수나 농구 선수가 없어도 살 수 있고, 장군이나 재벌이 없어도 살 수 있다. 그러나 노동자나 농민이 없으면 하루도 살 수 없지. 물방울 다이아몬드나 밍크 코트보다 공기와 물이 훨씬 더 귀하고, 금은보화보다 쌀이 훨씬 귀한데도 가치관이 뒤집힌 세상에서는 그 가치가 거꾸로이듯이, 육체 노동을 하는 사람의 처지도 마찬가지야.

해마다 이맘때면 구두닦이나 일용직 근로자 같은 가난한 노동자 출신의 젊은이가 대학 시험에 합격한 이야기가 신문에 크게 나고는 하지. 예전에 가장 많이 등장하는 것이 버스 안내원이었어. 그 당시에 가장 긴 시간 동안 가장 강도 높은 노동을 한 사람들이 바로 '버스 여차장'들이었기 때문이었지. 이 사람들은 꼭두새벽에 일어나 밤늦게까지 잠시도 쉴 틈 없이 일했어. 하루에 열여섯 시간 일하는 것이 보통이었지. 대부분의 안내원들은 몹시 피곤한 나머지 손발도 제대로 씻지 못하고 눕자마자 곯아떨어지기 일쑤였어. 이런 열악한 환경 속에서 그나마 몇 시간 되지도 않는 잠자는 시간을 아껴서 열심히 공부해 대학에 들어가는 사람이 나타난 거야.

왜 신문마다 이 사람들 이야기를 그렇게 감동하면서 크게 다루었을까? 물론 나도 그렇게 대학에 들어가는 사람들은 존경받을 만하다고 생각해. 그러나 이런 미담 기사의 뒷면에는 무서운 함정이 숨어 있다는 것을 알아야 해. 이제부터 이런 기사에 어떤 문제가 있는지 같이 생각해 볼까?

먼저 이런 기사에는 노동자보다 대학생이 훨씬 더 훌륭하다는 생각이 깔려 있어. 그런 훌륭한 대학생이 되려면 힘든 노동을 끝내고 따로 입시 준비를 해야 하는 것이 당연하다는 것이지. 힘든 육체 노동보다 대학 입시

공부가 훨씬 더 가치 있는 일이라는 편견이 스며 있는 거야.

다음으로는 노동자들은 대학에 들어갈 수 없고, 학력에 따르는 임금 차이를 달갑게 받아들여야 한다는 뜻이 담겨 있어.

"자, 봐라. 너희들은 걸핏하면 집이 가난해서 집안 살림을 도와야 하기 때문에 공부를 할 시간이 없다고 이야기하지? 하지만 그건 게으름뱅이들이 자기 게으름을 변명하려는 입발린 소리에 지나지 않는다. 다 자기하기 나름이다. 보다시피 이렇게나 어려운 환경 속에서도 대학에 들어가는 사람이 있지 않느냐?"

하고 말이지.

다른 누구보다 네가 겪어 봐서 뼛속 깊이 느끼고 있겠지만, 같이 생각해 볼까? 지금 이른바 8학군에 있는 학교에서 공부하는 아이들과 농촌에서 공부하는 아이들의 대학 합격률이 엄청나게 차이가 난다는 사실은 어떻게 설명하지? 노동자나 농민의 자식들보다 중산층이나 부유층 자식들이 대학에 합격할 확률이 훨씬 더 높다는 것은 무엇을 뜻하지? 8학군에는 머리 좋은 학생들만 모여 있고, 노동자나 농민의 자식들은 죄다 머리가 나빠서일까? 또는 8학군 학생들은 죄다 부지런하고 성실한데, 그 밖의 학생들, 특히 농민이나 노동자나 도시 빈민의 자식들은 게으르고 성실하지 않아서일까? 처지를 바꾸어서 8학군 학생들에게 육체 노동을 시키고 노동자, 농민의 자식들이 공부만 할 수 있도록 뒷받침해 주어도 결과는 마찬가지일까?

옛날 우리 나라에는 양반 계급이 있었어. 어떤 사람이 양반이었느냐 하면 놀고먹는 사람이 바로 양반이었지. 이 사람들은 육체 노동을 하지 않았기 때문에 노는 동안 어려운 학문을 익힐 수 있었어. 일반 백성들은? 이른 아침부터 저녁까지 고된 육체 노동에 시달리는데, 한문 공부를 할 겨를이 어디 있었겠으며, 시간이 있다 한들 학비가 어디 있었겠니? 양반들은 이렇게 해서 익힌 한문으로 과거 시험도 보고, 공문서도 만들고, 판결문도 쓰고, 시도 읊조리면서 '상것' 들의 '무지몽매'를 한껏 비웃었단다. 그 결과는 어떻게 되었지? 정보를 몇몇 지배 계급이 독차지하고 말았지. 뿐만 아니라, 살아가는 데 아무 도움도 안 되는 그 보잘것없는 정보조차 토박이말의 질서와는 동떨어진 외국어로 전달되었기 때문에 뜻을 주고받는 데 큰 어려움이 생겼어. 결국은 문화도 기술도 발전하지 못하고 제자리에 머무르고 말았지. 그러다 보니, 계몽기 이후로 원활하게 정보를 주고받으면서 빠른 속도로 산업이 발전한 서구 제국주의 나라들과 그 나라들의 영향을 받은 군국주의 일본의 손아귀에 나라를 잃고 말았지.

우리는 나라를 잃고, 남의 힘으로 겨우 되찾은 나라도 어쩌다 허리가 두 동강으로 끊어져 형제끼리 가슴에 총칼을 겨누고 있는 기막힌 처지에 놓여 있어. 그런데도 옛날부터 의식을 지배해 온 더러운 관념을 버리지 못하고 아직도 손에 흙이나 기름이 묻어 있는 사람은 업신여기고, 대학물을 먹어야 사람 대접을 하고 있으니 참으로 한심한 일이다.

너도 나래에게 들었겠지만 나는 아주 어렸을 때부터 일로 잔뼈가 굵은 사람이다. 그래서인지 몰라도 나는 지금 학생들이 초등 학교에서부터 고등 학교까지 십 년 넘게, 또 어떤 사람들은 스무 해 가까이 손 하나 까딱 않고 머리만 굴리도록 짜 놓은 교육 과정을 이해할 수가 없다. 이게 어디 사람을 사람답게 만드는 교육이냐? 반병신으로 만드는 짓이지.

만일에 사람이 일을 몸에 익히지 않았더라면 사람은 오늘의 모습을 지니고 있지 않을 것이다. 원숭이는 이 세상에 나타나서 오늘에 이르기까지

원숭이로 남아 있다. 그 점에서는 코끼리나 돌고래, 사자나 호랑이 모두 마찬가지다. 그러나 사람은 일을 하면서 자신의 모습을 바꾸어 왔다.

맨 처음에 지구 위에 나타난 인류는 다른 영장류 원숭이들과 크게 차이가 없었을 것이다. 빙하기에는 다른 짐승들처럼 적도를 중심으로 오글오글 모여 살면서 나무 열매를 따 먹거나 풀뿌리를 캐거나 바닷가에서 조개를 잡아 끼니를 때웠겠지. 그러다 간빙기가 와서 점차 대기의 온도가 높아지고 얼음이 녹자 조개를 잡던 갯벌은 물 속 깊이 잠기고 말았지. 이제까지 풀밭과 나무숲으로 이루어져 있던 적도는 덩굴 식물과 그 밖의 여러 가지 열대 식물이 뒤엉켜 자라는 정글로 바뀌어 점차 살기 힘든 곳이 되어 버렸다.

한편, 이제까지 얼음으로 덮여 있던 온대 지방은 여러 가지 식물이 자라는 산과 들로 바뀌었을 것이고, 그 식물을 먹이로 삼는 동물들이 옮겨 오거나 새로 나타났을 것이다. 사람들 가운데 어떤 무리는 적도의 바뀐 자연 환경에 적응해서 그대로 눌러살기로 했는가 하면, 어떤 무리는 순록 떼를 좇아 북극 지방까지 나아갔을 것이다.

적도 지방에서 살다가 온대 지방으로 옮겨 온 생물들은 이제까지 적도 지방에서 겪지 못했던 새로운 삶의 문제와 맞닥뜨리게 되었을 것이다. 적도 지방은 늘 거의 같은 기온이기 때문에 따로 겨울을 날 음식을 갈무리해 둘 필요가 없었다. 그러나 온대 지방에서는 먹을 것이 대체로 가을 한 철에 집중되어서 생긴다. 따라서 다람쥐가 되었건, 개미나 벌이 되었건, 사람이 되었건, 온대 지방에 사는 동물들은 삶에 필요한 온갖 먹이들이 눈과 얼음 속에 묻히게 되는 겨울을 위해 음식을 따로 갈무리하지 않으면 안 된다. 다시 말하면, 이제까지 적도 지방에서 그날 그날 살아가는 것에 익숙했던 동물들이 온대 지방으로 삶터를 옮기면서 한 해를 두고 살아갈 방법을 찾지 않을 수 없게 된 거지.

사람들이 네 발로 어슬렁거리면서 돌아다니던 동안은 오늘날 고릴라나 침팬지처럼 몸뚱이의 크기에 견주어 머리통이 작을 수밖에 없었을 것이다. 지나치게 무거운 머리통은 네 발로 걷는 데 커다란 방해가 되었을 테니까. 그러나 두 뒷발로 몸의 균형을 잡을 수 있게 되면서 사람의 몸은 바뀌게 되었을 것이다. 척추뼈가 꼿꼿해지면서 어지간히 큰 머리통의 무게도 버틸 수 있게 되고, 두 앞발을 놀려서 일하는 동안 엄지손가락과 나머지 손가락들의 기능이 각각 다르게 발달해 운동 신경이 부쩍 발달하게 되었을 것이다. 손의 운동 신경은 두뇌 중추 신경계에 영향을 미쳐, 커진 머리통 안에 담겨 있는 대뇌피질의 골은 더 깊이 패인다. 그리고 큰골, 작은골 같은 골들의 크기가 늘어나서 기억의 용량을 엄청나게 늘렸을 것이다.

또 여럿이 한데 모여 힘을 모아 일하는 동안에 의사 소통이 필요해졌고, 굳어 있던 얼굴의 힘살이 풀리면서 한없이 풍부한 표정을 지니게 되었겠지. 음식을 익혀서 부드럽게 만들어 먹는 방법을 알게 되면서 송곳니와 어금니의 생김도 바뀌고, 세 치 혀를 놀려 이야기를 주고받는 동안에 입 생김새도 차츰 바뀌었을 것이다.

그러니까 인간은 일을 하면서 오늘의 모습으로 스스로를 바꾸어 온 것이지, 다른 동물처럼 이 땅에 나타나면서부터 오늘의 모습을 지니고 있었던 것은 아니라는 말이지.

사람이 사람답게 산다는 것은 곧 일하면서 산다는 것이다. 우리 선조들이 일을 해서 집을 짓고 땅을 일구고 다리를 놓고 수레나 배를 만들고 강둑을 쌓아 자연의 모습을 바꾸어 놓는 대신에 다른 짐승들처럼 자연에 적응해서 살기에만 급급했다면 오늘날 우리가 누리는 문화나 문명은 찾아볼 수 없었을 것이다.

이렇게 노동이야말로 인간의 역사를 움직여 온 원동력인데 노동을 싫어하고, 노동하는 사람을 업신여긴다면 앞으로 인간의 역사는 어떤 길로 접어들겠느냐? 노동은 다만 사람을 오늘의 모습으로 바꾸어 놓은 힘일 뿐만 아니라 참과 거짓을 가리는 기준이 되기도 한단다. 잘못된 교육 제도 탓으로 우리는 '참'이라고 하면 대학 입학 시험의 '정답'만 생각하게 되고 '거짓'이라고 하면 시험 문제의 틀린 답으로만 생각하도록 길들여졌어. 하지만 우리가 정말 가려 내야 할 '참'과 '거짓'은 유능한 학원 선생이나 대학 입시 문제를 내는 교수들이 결정할 수 있는 것이 아니야.

여기에 처음 보는 나무 두 그루가 있다고 하자. 이 가운데 어떤 나무가 더 여러 해 동안 살았는지 맞춰 보라고 한다면 어떻게 하겠니? 이 문제를 풀려면 그 나무들을 베어서 나이테를 헤아려 봐야 해. 나무를 베어 넘기는 일은 머리만 가지고는 안 돼. 손에 톱을 쥐고 노동을 해야지. 이처럼 우리가 살아가면서 부딪히는 문제들 가운데 우리의 의식주를 비롯한 실제 삶과 아주 가깝게 맞닿아 있는 것일수록 노동을 하면서 참과 거짓이 밝혀져야 하는 것이다. 어떤 이론이 옳고 그른지 알아 내는 기준이 되어야 할 것이 바로 실천이라는 것이지. 그런데도 아까 이야기한 대로 우리 교육 현장에는 노동이 빠져 있거나, 들어 있더라도 자랑스럽게 생각할 즐거운 일로 그려 놓지 않았다.

"어렸을 때부터 부모의 일을 거들거나 육체 노동을 몸에 익히면 못살게 된다. 잘살 수 있는 유일한 길은 부모가 밖에서 일하다 지쳐서 골병이 들거나 죽는 일이 생기더라도 오로지 방 안에 앉아 교과서에 나오는 것 하나라도 더 외우는 것이다."

세상에! 어떻게 이렇게 부도덕하고 파렴치한 생각을 다 할 수 있지? 그러나 이것이 현실이다. 자라나는 세대에게 노동의 중요함을 일깨워 주려고 교육 과정 안에 육체 노동 시간을 넣었다가는 결국 학부모와 학생들로부터 따돌림을 받고 이상주의자 낙인이 찍히고 말지. '이상주의자'라고? 그래, 지금 우리가 사는 세상에서는 사람이 사람답게 사는 세상을 만들려면 어떻게 해야 하는지를 누구보다 더 잘 아는 사람, 현실에 가장 닿아 있는 사람이 현실을 모르는 이상주의자로 욕을 먹고, 사람을 짐승으로 만들려는 사이비 현실주의자들이 가장 권위 있는 교육자로 둔갑해 있는 형편이니까!

민주야.

난 네가 자랑스럽다. 가끔 나래에게도 대학 갈 생각 버리고 고등 학교 졸업하고 나면 할 만한 일거리를 찾아서 몸으로 부딪히며 살아가는 게 어떻겠냐고 조심스레 얘기를 하고 있다만, 나래는 아직 마음의 준비가 되어 있지 않은 것 같다. 아마도 대학에 가지 않으면 사람 대접을 받지 못하는 현실이 그 애의 머리를 무겁게 짓누르고 있기 때문이겠지.

앞을 내다보면 네 선택이 옳았다는 것을 나래도 머지않아 깨우치게 될 거야. 왜냐하면 앞으로 우리가 사람답게 살기 위해서는 일을 해서 삶의 바탕을 만들어 내는 사람이 누구보다 더 존경받는 세상이 되어야 할 테니 말이다. 나는 그런 세상이 머지않아 오리라 굳게 믿기 때문이다.

일하는 사람이 주인이 되는 세상만이 인류 진화의 긴 역사 과정을 이어받고 발전시켜서 모두가 자유롭고 평등하고 평화롭고 우애 있게 사는 세상이라는 믿음이 없으면 이 세상살이에 무슨 뜻이 있겠니?

광부로서 삶을 마쳤던 네 아버지가 우리의 추운 겨울 살림을 지켜 주셨듯이, 이제 옷감 공장에 들어간 네가 우리의 겨울을 지켜 주는구나. 잊지 않으마. 네가 만든 옷감이 옷으로 바뀌어 내 몸을 감싸고 있는 한, 우리의 밥상에 밥과 국과 푸성귀가 올라오는 한, 너와 네 아버지와 마찬가지로 땀 흘려 일해서 우리의 삶을 지켜 주는 분들의 수고를 잊지 않으마. 그리고 그분들이 없으면 내가 살 길이 없으므로 내 목숨을 지키기 위해서라도 그 이들과 더불어 살 길을 찾아, 너와 함께 살 길을 찾아, 산이라면 넘어 주고 강이라면 건너 주겠다.

네 옆에 나래와 내가 있다는 것을 잊지 말아라.

나도 내 옆에 네가 있다는 것을 잊지 않으마.

우리도 네가 걸어간 길, 네 아버지가 걸어간 길을 뒤따라 걸어가마.

— 나래 아버지가

⑯
아빠와 나
우일
신문에 보니까 수능은
교과서만 잘 보면
다 풀 수 있다더라!
1

2
긍까 교과서는
수능을 위한 참고서인
셈이군요?
옳커니!

3
머지전지 인생에
도움이 안 되더라~
예?!
FIN.

가장 훌륭한 교과서는 이 세상이란다

나래야.

이오덕 선생님께서 쓰신 《이오덕 교육 일기》에 이런 말이 나오더구나. 초등 학교에 다니는 어린아이들에게 표준말로 글쓰기를 강요하는 것은 그 아이들이 쓰고 싶은 글을 제대로 못 쓰게 만드는 것이라고 말이야. 그러니까 아이들이 자유롭게 자기 생각과 느낌을 글로 나타내기 위해서는 자기가 늘 쓰던 말대로 써야 한다는 이야기지. 이 글을 읽으면서 네 아비는 서울내기인 네가 제주도 사투리로 네 생각과 느낌을 나타내려고 낑낑거리는 모습을 상상했단다. 끔찍한 일이지?

그렇다고 해서 표준말 교육이 필요 없다는 이야기는 아니야. 온 나라 사람이 서로 자유롭게 의사 소통을 하려면 표준말을 정해서 쓸 필요가 있지. 그렇지만 표준말을 충분히 익혀서 쓸 수 있을 만큼 교육을 받지 못한 아이들은 사투리로라도 자기의 생각과 느낌을 정확하게 나타낼 수 있게 하는 것이 낫다. 표준말에 얽매여 생각과 느낌을 제대로 표현하지 못하는 것보다 훨씬 더 좋다는 것이지. 좋을 뿐만 아니라, 사투리로 해야만 나올 수 있는 풍성한 이야기가 있기도 하다.

언젠가 이 아비가 들려준 이야기 기억하니? 에디슨은 학교에 다니지 않았기 때문에 발명왕이 된 것이라고 말이야. 어찌 들으면 제도 교육 전체를 믿지 못하는 말처럼 들릴지 모르지만 그런 뜻에서 한 말은 아니야. 잘못하면 학교가 학생들의 생각과 느낌을 죽여 버리는 무시무시한 곳이 될 수도 있다는 것을 말하고 싶었던 거야.

우리 집 앞에 대추나무가 있지? 재작년부터 키만 크고 대추는 열리지 않길래 몹시 애를 태우다가 올해는 베어 넘기고 새 대추나무를 심어야겠다고 마음먹었어. 그런데 웬걸! 마치 그런 마음을 알아차리기라도 한 듯이 대추꽃이 올망졸망 피고 있지 않니? 큰일날 뻔했어.

그렇단다. 하잘것없어 보이는 대추나무 한 그루도 올해 다르고 내년 다르단다. 몇 해 열매를 맺지 못했다고 '대추가 열리지 않는 나무'라고 딱지를 붙여서 베어 버렸다면 어쩔 뻔했니? 하물며 사람이야! 자라는 아이들은 끝없는 잠재력을 지니고 있는 보물 덩어리란다. 아이들 안에는 온갖 가능성이 다 들어 있어.

나래야, 너 이 세상에 얼마나 많은 직업이 있는지 아니? 헤아릴 수 없이 많지. 사람은 온갖 직업을 가질 수 있고 역사가 발전함에 따라 지금까지는 듣도 보도 못한 새로운 직업을 만들어 낼 수도 있단다. 사람들이 그렇게 많은 직업을 가질 수 있다는 것은 사람의 잠재력이 그렇게 다양하게 발휘될 수 있다는 것을 뜻하지.

사람이 지닌 가능성도 엄청나게 크지만 이 세상도 엄청나게 커. 이 세상이 얼마나 큰지 가장 잘 나타낸 분 가운데 한 분이 부처님이야. 부처님은 "티끌 하나 속에 온 우주가 담겨 있다."고 하셨어. 티끌 하나하나로 이루어진 지구와 티끌 한 알갱이가 다를 바 없다는 것을 비유하는 말이야. 티

끌의 법칙이 우주의 법칙이라는 뜻도 되고, 또는 티끌이나 우주나 자연의 법칙에서는 하나라는 뜻도 될 것이다.

그렇지만 단지 비유하는 말이 아니기도 해. 그런 대답이 어디 있느냐고? 하기는, 너희들은 이 세상에서 한 문제에 대한 정답은 하나밖에 없다고 배웠으니까 받아들이기 힘들 거야. 그러나, 그러나 말이다. 너희들이 지금 학교에서 배우는 것처럼 문제 하나에 정답이 하나만 있는 것은 아니란다. 티끌은 우리가 맨눈으로 보면 거의 눈에 띄지도 않는 하잘것없는 것이지만, 전자 현미경으로 십만 배, 이십만 배 키워서 보면 티끌 속에서 새로운 세계를 찾아 낼 수 있어. 과학이 더 발달해서 몇백만 배, 몇천만 배까지 확대할 수 있다면 티끌 안에서 새로운 우주를 볼 수도 있겠지.

사람이 지닌 가능성도 끝이 없고 이 세계도 끝이 없다면, 교과서에 담긴 지식은 이 끝없는 가능성을 실현시키고 무한한 세계로 아이들을 안내하는 징검다리가 되어야 하지 않겠니? 교과서라고 해서 모두 절대 진리를 담고 있는 것은 아니지. 교과서에 담긴 진리는 아주 상대적인 것이고, 부분적인 것이라고 생각해도 틀림없어.

음악 교과서를 예로 들어 볼까? 인류가 지구 위에서 살기 시작한 수십만 년 전부터 인류가 불러 왔고, 인류가 지구에서 사라질 어느 날까지 사람들이 부를 노래는 셀 수도 없지. 그 노래들을 모두 담은 음악 교과서를 만들어서 그 교과서 위에 올라선다면, 아마 지 하늘의 달을 만질 수도 있을 거다. 하지만, 우리는 그렇게 많은 노래를 담은 음악 교과서를 만들 수도 없고 또 만들 필요도 없어.

그럼 훌륭한 음악 교과서란 어떤 것일까? 너희들이 신학기 때 받는, 오선지 위에 악보를 그려 놓은 얇은 책이 훌륭한 음악 교과서일까? 아비가 고개를 젓는 모습이 보이니? 그럼 훌륭한 음악 교과서는 무엇이냐고? 자,

잘 들어 보아라. 자, 자, 여기에서도 소리가 나고 여기에서도 소리가 나지? 이렇게 우리가 손으로 만질 수 있는 것은 모두 소리를 숨겨 지니고 있단다.

어디 그것뿐이냐? 빗소리, 바람 소리, 시냇물 흐르는 소리, 찌르레기 우는 소리, 개구리 소리, 뻐꾸기 울음소리, 개 짖는 소리……. 이렇게 우리의 둘레는 온통 소리로 가득 차 있지. 우리가 서로 주고받는 말소리를 빼놓고도 말이다. 우리 귀에는 들리지 않지만 티끌 속에도 소리가 담겨 있고 우주 안에도 소리가 가득할 거다. 앞으로 우리는 소리를 크게 키우거나 작게 줄여서 티끌의 소리, 우주의 소리를 들을 수도 있겠지.

그래, 이 세상에서 가장 훌륭한 음악 교과서는, 바로 우리의 귀청을 울리는 이 모든 소리의 세계야. 네가 가지고 있는 음악 교과서는 그저 조그마한 참고 자료에 지나지 않아. 참된 음악 교육은 학생들을 이 다양한 소리의 세계로 끌고 들어가 그 안에서 어떤 생명의 질서를 발견하도록 하는 것이지. 선생님은 이미 발견된 것을 미리 일러 주려고 들어서는 안 돼. 그렇게 되면 이미 발견된 소리 질서에 얽매여서 그것만이 올바른 소리 질서인 것으로 잘못 생각하고 거기에서 그쳐 버릴 수가 있으니까.

나무 도막을 두들겨 보고, 풀잎을 불어 보고, 고무줄을 퉁겨 보는 동안에 나무 도막에서 나는 다양한 소리들의 법칙에 귀가 열리고, 풀잎에서 들리는 소리의 어우름, 고무줄 길이에 따라 다르게 나는 소리의 변화에 귀가 뜨이고, 그 다음에는 두드리는 소리와 부는 소리와 퉁기거나 문지르는 소리 사이의 밀접한 관계를 귀담아듣게 되지. 하나하나의 소리에서 독특한 소리로, 독특한 소리에서 일반의 소리로, 소리 폭이 넓어지는 것을 깨우치는 것이 제대로 음악을 배우는 과정이라고 할 수 있어.

이제 음악 교육에서 중요한 것은 책이 아니고, 우리 귀에 들리는 소리의 세계라는 것을 알겠지? 그리고 훌륭한 음악 선생님은 교과서에 있는 노래를 잘 가르치는 선생님이 아니라 교과서에 실린 노래를 실마리 삼아 학생들을 노래의 넓은 바다, 소리의 넓은 바다로 이끄는 소리의 길라잡이라는 것을 알았을 거야.

그러나 음악 교육에서 누구보다 중요한 사람은 교육을 받는 바로 너 자신이야. 선생님은 너를 다양한 소리의 세계로 이끌 수 있고, 이 소리들이 너에게 불러일으키는 느낌에 대해서 설명하고 이해시킬 수는 있지만 느낌 그 자체를 너에게 전달해 줄 수는 없단다. 그것은 마치 선생님이 네 종아리를 회초리로 때릴 때와 비슷해. 때리는 선생님 마음이 아플지는 모르지만 네가 생생하게 느끼는 육체의 고통까지는 못 느낄 테니까. 아무리 선생님이 훌륭하게 가르치더라도 배우고 싶은 생각이 없으면 그야말로 '쇠귀에 경 읽기'라고 할 수밖에.

무엇이 참교육인지에 대해서 이야기하자고 했던 것인데, 이렇게 많은 곁가지를 쳤구나. 우리 에디슨에서 다시 이야기할까? 에디슨은 하나에 하나를 더하면 둘이 된다는 선생님 말씀에 왜 하나에 하나를 더하는 것이 꼭 둘이 되어야만 하느냐고 묻다가 학교에서 쫓겨났다지, 아마. 그런 질문을 한 에디슨이 바보라면, 아직까지도 그런 궁금증을 버리지 못하고 있는 네 아비는 아마 천치 중의 천치라고나 해야겠지.

얼핏 생각하면 하나에 하나를 더하면 둘이라는 것을 모를 바보가 어디 있냐 싶지? 그렇지만 하나에 하나를 더하면 둘이라는 수학의 진리가 정말 의심할 나위 없는 절대 진리일까? 이 때 하나는 무엇을 뜻할까? 더한다는 것은 또 무슨 뜻을 지니고 있을까? 더해진 것이 둘로 남아 있으려면 어떤 상태로 있어야 할까? 물 한 방울도 하나고, 풀 한 포기도 하나고, 모래 한 알도 하나고, 지구도 하나인데, 이 '하나'들 사이에는 어떤 공통점이 있어서 모두가 '하나'라고 할까?

　우리 눈에 보이는 것은 모두 크기를 지니고 있지. 크기를 지니고 있는 것은 동시에 모습도 지니고 있어, 모습은 겉으로 드러나는 것이야. 겉으로 드러난 모습만 해도 그 모습을 어디에서 보느냐에 따라 다 달라. 이를테면 수평으로 보면 직선으로 나타나는 것이, 선의 끝에 가서 보면 점으로 나타나기도 하지. 위에서 보면 평면으로 보이는 것이 옆에서 보면 수평으로 보일 수도 있듯이, 이처럼 한 사물의 겉모습만 해도 수없이 많은 관점이 가능하지.

　그런데 사물에는 겉모습만 있는 것이 아니라서 겉이 있는 것은 반드시 속도 있는 법이야. 우리가 속에 있는 것을 보려면 그 '속'을 쪼개서 '겉'으로 드러내야 하지. 이것은 마치 수박을 고를 때 겉만 봐서는 익었는지 안 익었는지 알 수 없고 쪼개 봐야 알 수 있는 것과 같아. 그러나 아무리 이렇게 쪼개 봐도 우리는 여전히 안을 못 보고 새로운 '겉'을 볼 뿐이야. 한 사물의 경우도 이런데, 온갖 것이 얽히고설킨 이 세상 일이야 어떻겠니? 보이는 것보다 안 보이는 것이 훨씬 더 많지.

　이를테면 우리는 사물들의 관계나 그 관계를 드러내는 법칙을 눈으로 볼 수가 없단다. 우리가 이 법칙들을 알지 못하고는 세상에 대해 아무것도 알 수 없어. 그런데 이 관계나 법칙도 늘 한결같이 머물러 있지 않고 시간이 흐르면서 끊임없이 바뀌거든.

　자, 사정이 이런데, 문제 하나에 해답이 하나밖에 없다고 가르치는 지금의 교육이 참교육이라고 할 수 있겠니? 나래야, 지금 우리 나라의 많은 선생님들은 학교가 학생들의 자율성과 창의성은 물론이고 도덕성마저 잠들게 하고 시들게 만들고 있다는 점을 걱정하고 있단다. 아이들이 가진 그 많은 다양한 능력, 재능, 감성을 일깨우고 길러 주지 못하는 것을 말이다.

어떤 학생은 동물을 기르고 품종을 개량하는 데 기막힌 재능을 지니고 있지만, 수학에는 깜깜 오밤중일 수도 있고, 어떤 학생은 배추벌레라면 얼마든지 환영이지만 거미라면 끔찍해서 쳐다보기도 싫은 경우도 있을 수 있지 않니?

나래야. 전에도 이와 비슷한 이야기를 한 기억이 있다만, 한 번 더 이야기할까?

살아 있는 것 가운데 꼭 같은 것은 하나도 없단다. 일란성 쌍둥이도 엄마의 눈에는 뚜렷이 달라 보일 만큼 다른 점이 있어. 하다못해 솔잎이나 잔디 같은 것도 얼핏 보면 서로 구별이 안 되지. 하지만 가만히 들여다보면 꼭 같은 것이 없지. 사람도 마찬가지란다. 이 지구 위에 몇십억 인구가 살고 있지만, 그 가운데 판에 박은 듯이 꼭 같은 사람은 아무도 없어. 왜 이렇게 얼굴 모습도 다르고, 체격도 다르고, 그 밖에 다른 신체 조건에서도 차이가 날까?

너 중학교 다닐 때 투덜거리던 것 생각나니? 네 엄마와 이 아비가 수진이 엄마나 아빠처럼 잘생겼더라면 너도 예쁘게 생겼을 텐데, 엄마와 아비가 못생겨서, 특히 이 아비가 못생겨서 네가 수진이만큼 예쁘지 않다고 말이야. 너뿐만 아니라 네 큰이모도 엄마가 이 아비와 결혼한다는 이야기를 듣고 "아무리 서로 좋아서 같이 산다지만 자식들 걱정도 해야지. 자기들 닮은 자식 낳으면 그 꼴을 어찌 보려고, 쯧쯧." 하고 혀를 찼다고 한다.

하지만, 내가 보기에 네 엄마는 절대 못나지 않았다. 물론 네 엄마도 이 아비를 너희들이 보는 것처럼 그렇게 못나게만 보지는 않을 것이다. 어쨌거나 만일에 이 세상에 있는 모든 남자가 수진이 아버지하고 꼭 같이 생겼고, 모든 여자가 수진이 어머니와 꼭 같다고 치자. 과연 그런 게 좋을까? 모든 사람이 꼭 같은 생각을 하고 꼭 같은 느낌을 갖고, 꼭 같은 취향과 능력과 재주를 지니고 있으면 좋을까?

조금 더 과장해서 생각해 볼까? 이 세상 모든 여자가 클레오파트라의 코에다 퀴리 부인의 머리에다 황진이의 감수성을 타고나고, 이 세상 모든 남자가 아인슈타인의 머리에다 알랭 들롱의 얼굴에다 이만기의 몸집을 지니고 있다면 어떨까? 누가 누군지 가려 낼 수 없을 것이라는 점은 빼고 이야기해 보자.

너 아프리카 사람들 살갗이 우연히 검고, 우리 나라 사람 살갗이 우연히 노란 줄 아니? 그렇지 않아. 아프리카에서는 검은 살갗이 살기에 가장 좋은 빛깔이라고 할 수 있어. 저마다 다른 환경 속에서 살아남기 위해서 최선을 다한 결과 흑인도 되고, 백인도 되고, 황인도 된 거야. 만일에 이 세상에 체격이나 용모나 체질이나 그 밖의 모든 신체의 모양과 성질이 꼭 같은 사람들만 있다고 생각해 봐. 그리고 이 사람들은 대단히 튼튼해서 다른 병에는 잘 걸리지 않지만, 예를 들어 말라리아에 걸리면 살아남을 수가 없는 체질이라고 가정해 봐. 그렇게 되면 인류가 한꺼번에 사라질 가능성이 아주 높게 되지.

이제 알아들었니? 미생물이든, 식물이든, 동물이든, 사람이든, 개체마다 형질이 다르고, 그에 따라 구조나 형태가 달라지는 것은 종을 이어가는 데는 아주 중요한 거야. 그러니까 어떤 조건에서는 코가 납작한 사람이 오똑한 사람보다 훨씬 더 살아남기가 쉽고, 수박같이 생긴 음식을 먹고 사는 곳에서라면 네 아비 같은 뻐드렁니를 가진 사람이 네 엄마처럼 옥니를 가진 사람보다 훨씬 잘 적응하는 거지. 듣고 보니까 수진이 아빠처럼 잘생긴 사람만 중요한 것이 아니라 네 아비처럼 우락부락하게 생긴 사람도 인류 보존을 위해서 중요하다는 것을 알겠지?

그러니까 이 세상에는 클레오파트라 코에 퀴리 부인의 머리에 황진이의 감수성을 타고난 여자만 있어서도 안 되고, 아인슈타인 머리에 알랭 들롱 얼굴에 이만기의 몸집을 가지고 있는 남자만 있어서도 안 되는 거야. 뛰어나지만 모두 꼭 같은 것보다, 뛰어나지 못해도 다양한 것이 더 좋은 까닭도 여기에 있어. 뛰어난 사람들로만 이루어진 세상보다는 어떤 사람은 귀가 안 들리고, 어떤 사람은 지능 지수가 두 자리 숫자더라도, 저마다 다른 체질과 용모, 취향과 재능을 지니고 있는 다양한 사람들로 이루어진 사회가 종의 유지나 역사의 발전을 위해서 훨씬 더 바람직한 세상이라는 거지.

그런데 너는 학교에서 어떻게 수업을 받고 있니? 외딴 섬마을에 사는 아이나 탄광촌에 사는 아이, 농촌 아이, 도시 아이 가릴 것 없이 너와 같은 학년 아이들은 꼭 같은 교과서를 펼쳐 놓고 공부하고 있지. 무척 이상하지 않니?

꼭 같은 교과서는 꼭 같은 사회를 드러내기도 하지만, 또 거꾸로 꼭 같은 사회를 만들어 내기도 한다는 점에서 큰 문제가 아닐 수 없어. 꼭 같은 사회에서는 하나의 기준에 따라 모든 것이 평가되기 때문에 모든 문제에 해답은 하나밖에 없지. 오직 하나뿐인 해답을 잘 외우는 사람은 다른 모든 점에서도 뛰어난 사람으로 인정받고, 그 해답을 잘 외우지 못하는 사람은 다른 점에서도 뒤떨어진다고 평가받지. "성적이 좋은 놈은 마음씨도 좋고 성적이 나쁜 놈은 마음씨도 나쁘다."는 식으로 말이야.

가장 훌륭한 교과서는 우리가 살고 있는 이 세상이야. 이 세상에 있는 모든 것은 서로 아주 가깝게 연결되어 있고 내부 모순 때문에 끊임없이 바뀌고 발전하고 있지. 어두운 면도 있고 밝은 면도 있어. 또 어두운 면이 밝은 면으로 바뀌기도 하고 밝은 면이 어두운 면으로 바뀌기도 해.

살아 있는 것은 하나도 같은 것이 없어. 살아 있는 사람들로 이루어진 이 사회도 마찬가지야. 섬에 사는 사람 다르고 산골에 사는 사람 달라. 그렇다고 해서 어느 누가 더 못하다거나 더 낫다고 할 수 없어. 섬에 사는 학생은 자기가 현실에서 보고 듣고 생각하고 느끼는 것을 바탕으로 엮은 교과서로 이 세상을 이해할 권리가 있어. 자동차도 기차도 없는 곳에서 사는 학생에게 자동차가 어떻고 기차가 어떻고 아무리 떠들어 봐야 그야말로 '쇠귀에 경 읽기'지. 혹시 몰라. 어차피 살기 힘들어서 고향을 떠나야 하는 젊은이들에게 동경을 불러일으켜서 도시로 도시로 모이게 하는 꼬임수로 쓰인다면 쓸모가 있을지.

지금 너희들이 배우는 교과서가 너희들의 다양한 흥미와 재능과 욕구를 충족시켜 주는 데 아주 못 미친다는 말은 곧 교과서가 현실을 제대로 담지 못한다는 말이지. 또 교과서가 훌륭한 지도책 구실을 할 수 없다는 말이기도 해. 그 부실한 지도책 때문에 너희들이 머잖아 현실에서 길을 잃기 쉽다는 말이기도 하지. 그러면 어떻게 해야 하지? 선생님들은 교과서에 안 나오는 것을 가르쳐 줄 필요가 있고, 너희들은 너희들대로 교과서가 아닌 다른 책을 많이 보고, 스스로 현실에 대해서 알려고 애써야지.

당장에 이런 물음이 튀어나오겠지? 교과서에 나오지 않는 이야기를 하는 선생님을 좋지 않게 보는 어른들이 있고, 또 교과서말고 다른 책은 볼 시간도 없는데, 무슨 꿈 같은 소리냐고 말이야. 그래, 물론 너희들이나 선생님들이 겪는 어려움은 나도 알아. 하지만 현실에서 길을 잃지 않으려면 제대로 된 지도책을 볼 수밖에 없다고 말하고 싶구나. 그리고 그 지도책은 너희들 힘으로 찾을 수밖에 없다고 말이야.

—아비가

3부 우리가 사는 세상은

얼음찜질과 땀내기

우리가 사는 공해 천국 1

우리가 사는 공해 천국 2

말과 글과 얼

그분들이 받았던 벌을 달게 받으렴

⑰
아빠와 나
우잉

콜록!
콜록!
감기냐?
옛-다!
약먹어라
톡

1

이게
무슨 약이죠?
콜콜-

2

알아서 뭐하게!
나도 먹고 나았으니까
너도 먹어!

3

저랑 나랑
같나?
뭐라구?
콜록
.....아, 아네요!
FIN

4

얼음찜질과 땀내기

나래야.

그 동안 감기 때문에 혼났지? 너와 실랑이하던 일이 떠올라서 웃음이 나오는구나. 너는 한사코 병원 가서 주사 맞자고, 아니면 약국 가서 아스피린을 사다 주든지, 그것도 아니면 이마에 얼음찜질이라도 하겠다고 했지? 그런데 네 아비는 고집스럽게도 뜨끈뜨끈한 방에서 두꺼운 이불을 푹 뒤집어쓰고 땀을 내야 낫는다고 우기고. 넌 내가 돈이 아까워서 병원이나 약국에 데려가지 않는다고 야속하게 생각하고 있을지도 몰라. 그렇지만 내가 구태여 오래 전부터 내려온 방법으로 감기를 고치자고 우겼던 데는 그만한 까닭이 있단다. 이제부터 그 까닭을 설명할 테니 들어 보아라.

'감기' 하면 우리는 흔히 이 감기나 저 감기나 마찬가지인 것으로 알지만 그렇지 않단다. 같은 감기라고 하더라도 땀이 나는지 안 나는지, 가래가 끓는지 그렇지 않은지, 코가 막히는지 건조한지, 그렇지 않으면 콧물이 줄줄 흐르는지, 또 입맛이 있는지 없는지, 소화가 잘 되는지 안 되는지, 변비나 설사가 함께 오는지 그렇지 않은지, 으슬으슬 추운지 아닌지 증세에 따라 저마다 달라. 그런데 사람들은 약국에 가면 어떻게 하니? 보통 “감기에 걸렸으니 아스피린 몇 알 주세요.” 하거나 “○○ 몇 알 주세요.” 하고 말하지. 약사들도 으레 그러려니 여겨 아무한테나 같은 약을 처방하기 십상이지? 그러나 이렇게 아무렇게나 약을 먹는 것이 우리 건강에 얼마나 해로운지 알아야 해.

지금부터 스무 해쯤 전에, 미국의 ‘생명 연구소(Life Institute)’에서는 하루 스물네 시간 동안 동물의 몸에 어떤 화학 변화가 일어나는지 실험한 적이 있단다. 쥐에게 시간대를 달리 해서 꼭 같은 양의 인슐린을 주사했는데, 어느 시간대에 주사를 맞은 쥐들은 모두 죽는가 하면 어느 시간대는 한 마리도 죽지 않고, 또 어느 시간대는 절반만 죽고, 이렇게 죽는 비율이 달라지더라는 거야. 그러니 꼭 같은 사람이라 하더라도 아침에 먹는 약 효과 다르고 저녁에 먹는 효과 다르다고 해야겠지. 그러니까 아침에 먹을 때는 해롭지 않은 약이라도 저녁에 먹을 때는 아주 해로울 수도 있다는 거지.

한 생명체에서도 이런데, 나이도, 체질도, 환경도, 건강 상태도 서로 다른 사람들은 어떻겠니? 그런데도 우리는 아침, 점심, 저녁 가릴 것 없이 ‘어른 두 알, 아이 한 알’ 식이지. 그리고 어른, 아이를 구별하는 것도 몇 살 아래는 죄다 아이고 몇 살 위는 모두 어른이고, 이런 식이야. 텔레비전의 약 광고를 한번 눈여겨보렴. 약 이름이 죄다 괴상한 외국어로만 되어 있다는 건 둘째치고 모든 사람이 그 약만 먹으면 당장에 병이 낫고 몸이 튼튼해질 것처럼 거짓 과장을 하고 있지 않니?

소화제를 예로 들어 볼까? 다섯 식구가 온종일 먹어도 남을 만큼 많은 음식을 상다리가 부러지도록 차려 놓고 “○○ 소화제가 있으니 마음놓고 드십시오.” 하는 광고가 대부분이야. 이런 생사람 잡을 소리가 어디 있니?

건강한 사람이라도 너무 많이 먹으면 배탈이 난다는 것은 상식이야. 그런데 위가 제 기능을 못 해 소화제를 찾는 병자에게 산더미 같은 음식을 마음놓고 먹으라니? 국민 건강을 망쳐 놓을 약 광고를 버젓이 드러내 놓고 하도록 내버려 두는 보건 당국이나, 사람들 건강은 아랑곳없이 국민을 볼모로 돈벌이에 눈이 벌겋게 되어 있는 제약 회사의 뻔뻔한 짓거리라니. 그 때문에 많은 사람들이 병들어 죽어 간다는 것도 문제지만, 그것보다 먼저 이야기해야 할 것이 있어.

소화 불량이라고 해서 원인이 하나만 있는 것은 아니야. '위산 과다'로 알려진 것만 봐도 마찬가지야. 이미 지나치게 분비된 위산을 중화시켜서 그 산이 위벽을 해칠 염려가 없도록 중조(탄산수소나트륨) 성분이 있는 위장약으로 중화시켜 주는 것까지는 이해할 만해. 그렇지만 위산 과다를 뿌리째 치료하려면 위산이 지나치게 나오지 않도록 신체의 생리 리듬을 조절해 주어야 해. 그러려면 산성 소화액과 염기성 소화액이 자연스럽게 고루 나오도록 장기의 기능을 바로잡아 주어야 해. 그런데 소화제를 마구 먹어 일부러 중화시켜 버릇하면 염기성 소화액을 내는 장기의 기능은 점점 퇴화해 제 기능을 잃어버리게 되지. 그렇게 되면 결국 만성 위산 과다에 시달리게 되는 거야.

그리고 아까 이야기한 것처럼 위산 과다에 걸리는 까닭이 한 가지는 아니거든. 또 원인이 하나라도 체질에 따라 이로운 약도 있고 해로운 약도 있기 마련이야. 병에 걸리는 사람은 머릿속으로만 존재하는 '위장병 환자'들이 아니라 그 때문에 말 못 한 고통을 받고 있는 한 사람 한 사람이니까. 병을 고치려면 각자의 체질과 질병에 꼭 맞는 처방을 해야 해. 그러니까 환자를 만나서 몸의 상태를 보고, 환자의 이야기를 듣고, 그 환자가 좋아하는 음식에서부터 사는 환경, 하는 일까지 자세히 묻고, 맥을 짚어 보면서 질병의 원인과 크기를 알고 거기에 알맞은 약을 써야 한다는 거지.

이런 점에서는 사람들이 낡은 치료법이라고 해서 거들떠보려고 하지 않는 한의학이 서양 의학보다 훨씬 더 과학에 가까운 데가 있어. 네 감기 치료를 예로 들어 쉽게 설명해 볼게. 너는 감기에 걸렸을 때 얼음찜질을 하겠다고 했지? 서양 사람들이 감기에 걸려 열이 오르면 얼음찜질을 하는 것을 보고는 그것이 더 열을 잘 내릴 것이라고 믿었기 때문일 거야. 하지만 그것보다 우리 민간 요법이 훨씬 과학적이란다. 물론 얼음찜질이 아무 효과가 없다는 것은 아니야. 얼음이 녹을 때 주위의 많은 열을 흡수한다는 것은 알고 있지? 사람의 체온이 42도 이상 올라가면 인체 기관이 움직임을 멈추니까 머리와 심장을 차게 해서 열을 내려야 한단다.

그렇지만 얼음찜질에는 좋지 않은 점도 있어. 물리학에서 기화열(질량 1kg의 액체가 기화하여 같은 온도의 기체가 되면서 흡수하는 숨은 열, 물의 기화열은 540kcal/kg)이 융해열(질량 1kg의 고체가 녹아 같은 온도의 액체가 되면서 흡수하는 숨은 열, 물의 융해열은 80kcal/kg)보다 일곱 배 가까이 더 많은 열량을 요구한다는 것은 너도 배웠지? 그러니까 땀을 흘릴 때 흡수하는 열이 얼음이 녹을 때 흡수하는 열의 일곱 배 정도의 효과를 가지고 있는 거지. 그렇다면 얼음으로 열을 흡수해 내리는 것보다는 땀으로 열을 없애는 것이 훨씬 더 슬기로운 일이 아니니? 이렇게 몸에서 생기는 열을 식히는 데는 땀을 내는 것이 가장 좋은데 얼음찜질은 도리어 땀이 나는 것을 방해하지 않겠니?

또 몸 전체가 달아올랐는데 한 부분만 차게 하는 것은 결코 좋은 일이 아니야. 유리나 도자기 같은 것도 부분에 따라 온도 차이가 크면 곧 깨지지 않니? 어때? 이제 왜 네 아비가 너에게 뜨거운 방에서 두꺼운 이불을 뒤집어쓰고 있으라고 했는지 알 수 있겠지? 땀은 건강을 지키는 데 두 가

지 일을 맡고 있어. 하나는 체온 조절이고, 또 하나는 몸 안의 해로운 것들을 밖으로 내보내는 것이지. 으슬으슬 춥고 열이 끓고 난 뒤에 땀을 많이 흘리고 나면 몸이 가벼워지는 것은 땀과 함께 병독이 사라지기 때문이야.

나래야.

한의학이 서양 의학보다 더 과학에 가까운 데가 있다고 하고, 그 예로 감기 치료법을 들었는데, 그것만으로는 수긍이 잘 안 되지? "서양 의학은 근세에 혈청학을 발전시켜 종두 같은 빼어난 예방 조치를 취할 수 있게 했다. 그래서 많은 사람들을 돌림병에서 구하지 않았느냐? 우리 나라를 보아라. 백 년 전까지만 해도 마마니 호구별신이니 하여 많은 사람들이 홍역 같은 질병에 걸려 꼼짝 못 하고 죽은 사람이 얼마나 많았느냐? 살아남는다 해도 얼굴에 그 흔적이 남아 아무리 잘생긴 사람이라도 흉하게 얽는 일이 많았는데, 지석영 선생이 서양 근대 의술을 받아들여 종두를 시행한 덕분에 이제는 홍역 걱정 없이 살게 되지 않았느냐? 어디 그뿐이냐? 파스퇴르 이후로 세균학을 발전시켜 전세계에 방역 시설을 거의 완전하게 갖추어 놓은 것도 서양 의학이 아니냐?" 하고 따질지도 모르겠구나.

물론 그 말도 맞아. 서양 의학이 예방 의학 분야에서 뛰어난 성과를 거두었고, 외과 의학 분야에서도 두드러진 공적을 쌓았다는 것은 분명하지. 어디 그뿐이냐? 안과에서 돋보기나 졸보기, 난시용 안경을 만든 것이나 항생제를 만든 것도 서양 의학의 공로지. 그러나 그렇다고 해서 서양 의학이 모든 점에서 빼어나다고 보는 것은 옳지 않은 생각이야. 서양 의학에도 단점이 있고 한의학에도 장점이 있다는 거지.

그럼 서양 의학과 한의학이 서로 어떻게 다른지 잠깐 살펴볼까? 지금부터 내가 이야기하는 것은 다른 분의 의견이라는 것을 먼저 말해야겠구나. 네 아비가 평소에 깊이 존경하고 있는 분 가운데 조헌영이라는 분이 있다.

1900년에 태어나셨는데, 이분이 1934년에 《통속한의학원론》이라는 책을
내셨어. 책을 쓴 까닭을 이렇게 밝히고 계시는구나.

> 내가 한의학에 관한 책을 쓴다는 것은 나 자신도 생각지 못했던 일이다. 서른
> 이 되어서 한의학 책을 처음 펴 보게 되었다. 그 때 우리의 처지가 남달랐고, 대
> 중 의료가 실로 비참한 상태에 있었다. 그런데 이 대중 의료에 관하여 가장 공
> 헌이 많고 위대한 공로가 있는 한의학이 날로 쇠퇴해 가는 것이 마음 아프고 격
> 정스러워 그 부흥에 조그마한 힘이나마 보태려고 한 것이며, 그 결과가 이 책으
> 로 나타나게 되었다.

나는 이 책을 읽고 요즈음 말로 쉽게 고쳐 널리 읽히고 싶어서 《한방 이
야기》*라는 책을 썼다. 이분이 쓴 《통속한의학원론》을 알기 쉽게 풀어서
새로 펴낸 것인데 네 아비는 서문에 이렇게 써 놓았다.

> 오늘날 많은 의과 대학과 의료 시설이 생기고 의료 기구나 치료 방법도 빠른
> 속도로 발전하고 있다. 하지만 그 혜택이 대중 전체에게 골고루 돌아가기는 아
> 직도 먼 일이다. 들판에서, 탄광에서, 공장에서 이 땅의 많은 귀중한 생명이 열
> 악한 노동 조건과 의료 환경 속에서 사고로 다치거나 병들어 죽어 가고 있다.
> 잘못된 의료 정책 때문이다.
> 마을마다 병원을 세우고, 동네마다 현대 의학으로 무장한 전문의가 있어야
> 한다는 이야기가 아니다. 문제는 적은 돈으로도 누구나 손쉽게 치료할 수 있고
> 치료받을 수 있는 민간 의학의 개발에 있다.
> 민간 의학은 사람이 살고 있는 곳이면 어디서나 자연스럽게 싹트고 자라 왔
> 다. 질병의 위협은 어디에 사는 누구나 받는 것이고, 그 위협에 대처하는 우리

개개인의 슬기와 공동체의 대응이 민간 의학의 형태로 모였기 때문이다. 자연
스럽게 생겨난 민간 의학을 널리 두루 쓰이는 원리에 의해 하나의 체계로 완성
한 것이 동양 의학, 바로 한의학이지.

　해방 뒤에 우리가 의료 정책과 교육을 서양 의학에만 치우쳐 온 어리석음을
피할 수만 있었다면 이 땅의 민간 의료 현실이 이토록 비참한 지경에 이르지는
않았을 것이다. 그러나 아직도 늦지 않았다. 오랜 세월에 걸쳐서 이 땅의 생명
을 지켜 온 이 땅의 민간 의술인 동양 의학의 치료법도, 약초들도 아직은 뿌리
까지 흔들리지는 않았기 때문이다.

　자, 그럼 조헌영 선생의 인도에 따라 서양 의학과 한의학의 차이를 살펴
보자꾸나. 먼저 한의학은 질병에 걸린 까닭을 사람 몸 전체에서 찾는다면
서양 의학은 병에 걸린 그 부분만 집중 치료하거나 없애 버린다는 점이 다
르다. 이를테면 서양 의학에서는 축농증에 걸리는 까닭이 콧속에 화농균
이 번식해서 고름이 생기는 데 있다고 해서 그 부분을 수술하는데, 한의학
에서는 까닭을 코에서 찾지 않고 그 사람의 체질과 여러 가지 몸의 변화를
관찰하고 종합해 축농증이 생긴 까닭부터 찾아. 그런 뒤에 자연스럽게 몸
이 스스로 조절하여 축농증이 낫도록 하는 거지.

　또 한의학은 자연 치료에 무게를 두는데, 서양 의학은 인공 치료에 관심
을 두지. 주사를 인공이라고 한다면 약 복용은 자연스러운 것이라고 할 수
있어. 가령 서양 의학은 당뇨병에 췌장 호르몬을 주사하는 치료법을 쓰는
데, 한의학은 소화기가 한약을 흡수하게 해 췌장의 내분비 기능을 회복시
키고 몸 전체 당분의 동화 작용을 회복시키는 치료법을 써. 또 서양 의학
이 질병이 생기는 까닭을 생체 조직에서 찾으려고 하는데 견주어 한의학
은 생리 현상의 부조화에서 찾으려고 하지. 그런 점에서 서양 의학은 생체

조직을 중시하는 의학이요, 한의학은 생리 현상을 중시하는 의학이라고 할 수 있어. 더 나아가서 한의학이 근본을 다스리는 의학이라면 서양 의학은 두드러진 곳을 다스리는 의학이라고 할 수 있을 거야. 그리고 살균이나 소독, 혈청 주사 같은 것으로 밖에서 침범하는 병균들을 사람의 힘으로 막는 데는 한의학이 서양 의학을 따를 수 없고, 반대로 몸 안의 생명력을 기르고 생리 조절을 균형 있게 하여 질병에 맞서 이겨 내는 힘을 키우는 데는 서양 의학이 한의학을 따를 수 없지. 서양 의학이 방어에 강하다면 한의학은 양생에 강하다고나 할까?

그 밖에 한의학은 외과 질병도 먹는 약으로 고치려고 드는데 서양 의학은 내과 질병도 외과 수술로 고치려고 들어. 그런 점에서 한의학이 내과 의학이라면 서양 의학은 외과 의학이라고 할 수 있어. 그런데 외과 질병도 원인이 내부에 있을 때는 내과 치료를 해야 할 때가 많고 내과 질병도 시기가 늦어져서 외과 처방이 꼭 필요할 때가 있지. 그러니 한의학과 서양 의학이 잘 어우러진다면 외과 처치로 빨리 나을 수 있는 질병을 내복약으로 질질 끄는 폐단도 없을 것이고, 내복약으로 간단히 나을 내과 질병을 키워서 외과 수술을 받아 큰 희생을 치르는 일도 막을 수 있을 거야.

그러나 뭐니뭐니해도 서양 의학과 한의학은 그 혜택이 미치는 범위에서 큰 차이를 보이지. 서양 의학은 익히기도 어렵고 비용이 많이 들기 때문에 의사에게 독점될 수밖에 없고, 또 많은 의료비를 받아야 하기 때문에 가난한 사람에게는 널리 혜택을 주기 어려워. 하지만 한의학 처방은 집에서 누구나 할 수 있기 때문에 널리 영향을 미칠 수 있거든.

왜 그런 차이가 생기느냐고? 치료 방법이 다르기 때문이야. 서양 의학은 인공으로 치료하기 때문에 환자의 눈 앞에 노력의 양과 정도가 드러나게 돼. 또 의사가 없거나 시설이 없으면 손을 쓸 수 없기 때문에 의사 쪽에

서도 보수를 많이 요구할 권리가 생기고 환자도 당연히 대가를 치를 생각을 갖게 돼. 하지만 한의학은 자연스럽게 치료하는 것이어서 효과를 쉽게 잴 수 없으니까 환자가 많은 보수를 치를 마음이 안 들게 돼. 그러니까 한의학의 장점은 대중을 위하고 뒤에서 덕을 베푸는 데 있다고 할까?

어때? 지나치게 어려웠니? 그럼 쉬운 예를 하나 들어 볼까? 너 감기 걸리면 편도선이 부어오른다고 걸핏하면 병원에 가서 수술하자고 하지? 사실 편도선을 함부로 수술하는 것은 좋지 않아. 편도선은 세균이 침입하는 문이라고 이야기하는 사람들이 있는데, 그것은 잘못된 표현이야. 도리어 세균의 침입을 막는 검문소라고 할 수 있지. 편도선염은 세균이 맹렬한 기세로 밀려들어 보통 때의 방어 시설로는 모자랄 때 얼른 임시로 방역소를 늘리고 포로 수용소를 새로 마련하느라 생기는 거야. 그러니까 입을 통해 몸 안에 들어오는 세균을 막아 내는 과정에서 편도선이 붓고 열이 나는 거지. 우리 입은 음식물말고 여러 가지 해로운 것들도 스며들 염려가 있는 곳이지. 편도선은 그 중에서도 가장 중요한 목을 지키고 있어서 들어오는 것을 하나하나 꼼꼼히 검사하는 거야. 이것을 쓸데없는 퇴화 기관이라고 보는 것은 엉터리없는 수작이야. 쓸데없는 것이 왜 그처럼 중요한 곳에 자리잡고 있겠니? 이 편도선염은 서양 의학보다는 한의학으로 더 쉽게 치료되는 것 중의 하나야.

나래야.

너도 자세히 관찰하면 알겠지만 사람의 몸처럼 신비한 것도 또 없단다. 먹을 것을 보면 군침이 고이고 위액이 분비되는 것이나, 해로운 음식을 먹거나 과식을 하면 구역질을 해서 토해 내고, 장에 해로운 내용물이나 지나치게 흡수된 물이 있으면 설사를 해서 빨리 몸 밖으로 내보내는 것을 보렴. 또 아무리 맛있는 것도 오래 먹다 보면 물리게 되는데 이것은 다른 영양분이 필요하다는 신호야. 또 질병이 있을 때 갑자기 열이 오르는 것은 몸 안에 있는 병의 원인을 없애려는 거야. '고열 요법'이라는 훌륭한 자연 요법인 셈이지. 그리고 간지럼 타는 것은 밖에서 오는 자극을 민감하게 느껴서 위험을 막으려는 데서 생기는 거야. 이처럼 구토나 설사, 발열, 통증에 이르기까지 우리가 병이라고 해서 싫어하는 것은 모두 생명을 지키려는 자연 치료의 노력이란다.

한 마디만 더 할까? 서양 의학에서는 '질병' 그 자체를 진단하려고 하지만 한의학에서는 질병이 아니라 질병 현상이 나타나는 생명체, 다시 말하면 '병든 사람'을 진단한다는 것을 잊지 말아라. 그리고 한의학에서 '치료'라고 하는 것은 어느 한 부분만의 질병이나 이런저런 증세를 없애는 것이 아니라 전체의 조화를 잃은 사람의 몸을 건강한 생리 상태로 되돌려 놓는 거야. 따라서 진단도, 치료도 종합적이어야 하지. 따지고 보면 질병은 언제나 온몸으로 오는 것이지 순수하게 어느 한 부분만 잘못된 질병은 없어. 밖에서 오는 자극으로 몸을 다쳤을 때도 회복하려면 그 부분이 아닌 다른 부분의 도움이 필요하고, 따라서 몸 이 곳 저 곳에 상당한 변화가 생기지. 하물며 몸 안에 원인이 있어서 생기는 병이야 더 말할 나위가 있겠니?

네 감기에서 시작한 것이 어쩌다 보니 이렇게 늘어졌구나. 어쨌거나 의료에 관련된 사람들이 지금부터라도 정신차려서 그야말로 눈병 고치기 위해서 위장 버려 놓는 짓은 그만두면 좋겠구나. 그리고 언젠가는 병든 사람은 모두 무료로 치료받을 수 있는 세상도 와야겠지?

먹어서 생기를 북돋고, 옷으로 몸을 감싸서 체온이 일정하게 유지되게 하고, 충분히 자서 활기가 되살아나게 하는 이른바 식, 의, 주 문제 다음으로 중요한 것이 건강을 지키는 일인데, 병 고치는 일이 돈벌이 수단이 되

는 고약한 관습은 하루 빨리 없애는 것이 좋지 않겠니?

　부디 몸 건강해라.

—아비가

---

*1992년에 학원사에서 나왔던 책으로 지금은 나오지 않는다.

18
아빠와 나
우일

1
나쁜 놈들!
왜 사람
먹는 것에다가
저런 짓을 할까?

2
그게 다 먹고
살려고 하는 짓
이라잖아요!

3
저런 거 먹으면서도
아직 내가
살아 있다는 게
신기하구먼!

4

졸라
신기하죠...
고운 말을
쓰거라.
FIN

우리가 사는 공해 천국 1

나래야.

이번 추석에 오랜만에 외갓집에 다녀왔어. 그런데 차라리 안 가느니만 못했던 것 같아. 왜냐고? 십여 년 사이에 모든 것이 엄청나게 바뀌어 있었어. 몇 년 전에 우리 외할아버지가 농약 중독으로 돌아가셨다는 거 이야기한 적 있나? 신문에서 떠들썩하게 화제가 되었던 이비디시(Ethylene BisDithio-Carbamate) 이야기는 들은 적 있지? 발암성 물질이 들어 있어서 생산이 중단되었다는 알라 농약보다 독성이 마흔다섯 배인가 더 강하다는 농약 말이야. 그래, 캘리포니아에서 기른 자몽인지 뭔지에서 나왔다고 해서 야단났던 그 알라보다 더 위험하다는 이비디시는 사실 우리 나라 농촌에서 늘 쓰는 농약의 원료야.

지금 시골의 농약 피해는 아주 심각하대. 1989년 한 해 동안 우리 나라에서 농약 중독으로 죽은 농부가 몇 명이나 되는지 아니? 공식 발표된 사람만 해도 천 명에 가까워. 암이나 그 밖에 만성 농약 중독에서 생기는 다른 병으로 죽는 사람을 빼고도 말이야.

우리 나라에서 가장 많이 쓰는 농약은 급성 중독 위험이 있는 유기인제야. 전체 사용량의 35.5퍼센트를 차지하고 있어. 그 다음이 유기 염소제인데 농약 사용량 전체에서 21.5퍼센트를 차지하고 있어. 이게 사람 몸 속에 흡수되어 지방 조직에 쌓이면서 만성 중독을 일으키지.

그리고 중금속 가운데서도 악명 높은 무기 수은제가 전체 농약 사용량의 10.5퍼센트이고 또다른 중금속 비소제는 11.5퍼센트나 된대. 이런 농약들의 원료는 죄다 미국에서 수입하고 있어. 우스운 일은 이 농약들 가운데 많은 종류가 미국에서는 인체에 해롭다고 해서 쓰지 못하게 되어 있다는 거야. 한 해 동안 이 땅에 뿌리는 농약이 얼마나 되는 줄 아니? 1974년에는 8,619톤이라는 어마어마한 양을 뿌려 댔는데 1989년에는 그보다 더 엄청난 21,735톤으로 늘어났어. 이러니 농촌 사람들이 모두 농약에 중독되어 죽지 않는 것이 도리어 이상할 지경이야.

우리 외갓집은 온산 근처에 있어. 온산은 우리 나라에서 가장 큰 비철금속 단지야. 동시에 세계에서 가장 악명 높은 공해 산업이 다 모여 있는 곳이지. 이 공단이 들어선 것은 박정희 정권 때였대. 멋모르고 외국에서 산업 폐기물까지 수입해 올 때였어. 근대화에 눈이 멀어서 공장에서 검은 연기가 많이 솟아오를수록 잘살게 되는 것인 줄 알던 무식한 사람들이 정권을 잡고 있을 때, 일본이나 미국에서는 주민들 반대로 들어설 수 없었던 공해 산업이 떼지어 우리 나라로 몰려온 거야.

그 결과가 어떻게 나타난 줄 아니? 1979년에 온산에 있는 동제련 공장에서 중금속이 들어 있는 유독성 폐수를 흘려 보냈는데 그것 때문에 온산 앞바다 어장이 온통 쑥대밭이 된 거야. 사람들은 피해액을 10억 원 정도로 계산했지만 이것은 잘못된 계산이었어. 그 뒤 온산 앞바다 어장은 아예 폐쇄되어 버렸으니까, 십 년 동안 피해 본 것을 모두 더하면 백억 원, 삼십

년 동안 계속될 피해를 셈해 보면 삼백억 원이 넘는 피해를 본 거지.

어디 온산뿐이니? 1976년, 일본에서 쫓겨난 일본 화공(울산 무기 화학)이 울산에 자리잡으면서 등뼈가 휜 고기가 잡히기 시작했어. 곧바로 어장 아홉 개가 문을 닫았지. 1980년에는 마산 앞바다에서 물고기나 조개를 잡을 수 없게 되었고, 울산 장생포 앞바다가 썩는가 하면, 1983년에는 인천 앞바다에 공장 폐수가 흘러들어 어류 28톤이 떼죽음을 당하지 않나, 1984년에는 온산만 당월리 일대의 공동 어장이 공단의 폐수로 오염되어 물고기, 조개, 미역 같은 수산물이 끝장이 났고, 또 하동 앞바다에서는 광양 제철에서 나오는 폐수 때문에 김이 전부 녹아 버렸어.

아무튼 동해, 서해, 남해 앞바다가 모두 죽음의 바다로 바뀌고 만 거야. 그러니까 삼면이 바다여서 무진장한 수산 자원을 가지고 있던 이 땅이 잘못된 공업 정책 때문에 물고기조차 수입해 먹지 않으면 안 될 지경에 이른 거지.

흥분해서 앞뒤가 없어졌는데, 다시 온산 이야기로 돌아갈게. 내가 어렸을 때만 해도 외갓집에 가면 마을 앞 시냇가에서 미역도 감고 가재도 잡고 그랬거든. 그런데 웬걸! 올해 가 보니까 그 맑던 물에 기름이 둥둥 뜨고 시냇가는 공장 폐수로 온통 벌겋게 썩어 가고 있었어. '아하, 그랬구나. 지난 1985년 정월에 온산에 살던 5백 명이 넘는 분들이 그 무서운 공해병인 이따이 이따이 병으로 여겨지는 괴질을 앓게 됐지. 정부에서 4만 명이 넘는 온산과 울산 지역 사람들을 옮길 계획을 세우고, 사람들에게 조상 대대로 살아온 땅을 버리고 낯선 땅에 가 살리고 했던 까닭이 바로 여기에 있었구나.' 싶더라.

나래야, 이렇게 이야기해도 너는 실감이 안 나지? 그래서 이런 생각을 해 보았어. 한번 들어 볼래? 제목은 '민주의 하루' 야.

민주는 새벽 일찍 신문을 배달해. 요즘 들어 날마다 겪는 일이지만 목이 따갑고 늘 가슴이 답답하지. 새벽이면 자동차 배기 가스에서 나온 아황산 가스, 질소 화합물, 일산화탄소, 탄화수소가 공기를 가득 채웠던 먼지와 함께 낮게 내려앉아 가뜩이나 좋지 않은 민주의 기관지를 괴롭히기 때문이야. 또 날이 뿌옇게 밝아 오면서 도시가 깨어나면 공단 가까이에 사는 민주의 귀는 온갖 소음으로 멍멍해져.

그러다 보니 학교에서 선생님 말을 알아들으려면 잔뜩 긴장하고 귀를 기울여야 해. 하루 종일 소음에 시달리다 보니 난청이 되고 말았거든. 신문 배달이 끝나면 시장에 나가 반찬을 골라. 고랭지 채소 값이 많이 내렸네. 배추 한 포기 사다가 김치를 담글까 생각하는데, 언젠가 친구한테서 들은 이야기가 떠올랐어. 자기 시골집에서 고랭지 채소를 가꾸는데, 채소 뽑기 며칠 전에 중간 도매상이 전화를 해서 언제 채소를 가지러 갈 테니 보존이 잘 되게 해 놓으라고 한다는 거야. 그러면 배추에 농약을 뿌려 놓는다고. 쉽게 썩는 고랭지 채소도 그렇게 농약을 쳐 놓으면 잘 썩지 않고 오래간다나.

한참 망설이다가, 이것 가리고 저것 따지다가는 굶어 죽기 십상이라 생각하고 배추를 샀어. 배추를 안고 집으로 가면서 외할머니 생각을 했지. 외할아버지가 농약 중독으로 돌아가시고 나서 외할머니는 농약을 몹시도 무서워하게 됐단다. 그래서 밖에 내다 팔 것에는 농약을 뒤집어씌우다시피 마구 뿌리지만 집에서 먹을 것에는 농약을 치는 법이 없어. 고추에도, 무나 배추에도, 오이나 가지에도, 토마토, 사과, 배에도 치지 않아. '마구 농약을 친 푸성귀를 외손녀가 사 먹는다는 사실을 아신다면 할머니 마음이 어떠실까?' 하고 잠깐 생각에 잠겼다가 고개를 흔들었어. 농약 없이 농사지어도 잘살 수 있다면 농약 칠 농사꾼이 하나도 없다는 사실을 잘 알기 때문이야.

집에 돌아오니 목이 칼칼해. 수도꼭지를 틀어 물을 한 컵 받아 마시려다가 또 잠시 멈칫거렸지. 며칠 전에 본 텔레비전 화면이 눈앞에 어른거렸거든. 강물이 거품에 덮여 있었어. 일반 가정에서 나오는 생활 하수도 문제지만 재벌 기업들이 거르지도 않고 몰래 내버리는 공장 폐수가 더 큰 문제라고 하더라. 중금속이 들어 있는 폐수는 공장에서 몰래 설치한 하수도를 통해 강으로 흘러들었어. 파렴치한 사람들 같으니라고.

농약을 마구 뿌리는 골프장이 강 위쪽에 자리잡고 있어서 농약 속의 유독성 화학 물질이 물에 녹아 수돗물을 오염시키는 데 큰 몫을 한다는 신문 기사도 떠올랐어. 민주는 컵 안에 든 물을 물끄러미 내려보다가 비장한 마음으로 독약을 들이키듯이 꿀꺽꿀꺽 마셨지. 어차피 우리 나라 강물 가운데 하류에 있으면서도 안심하고 마실 수 있는 것은 섬진강 물밖에 없다니까.

강물을 오염시키는 합성 세제를 만드는 사람, 중금속을 흘려 보내는 기업체를 운영하는 사람, 그런 사람들을 경제 건설의 일꾼이라고 추켜세우면서 눈감아 주는 사람, 그런 일이 벌어지고 있다는 사실을 오래 전부터 알고 있었으면서도 신문이나 방송에 내보내지 않는 사람, 이런 사람들은 절대로 수돗물을 그냥 마시지 않을 거야. 현대판 봉이 김 선달한테 오염되지 않은 생수를 배달시켜 먹으면서 강물이 오염되는 것을 적극 돕거나 내버려 두겠지, 뭐.

얼핏 나래의 편지가 생각나. 샴푸 대신 빨랫비누로 미리를 감는다는 이야기, 아빠가 목욕탕에 가서도 비누를 쓰지 않으면서 공해 방지를 몸소 실천하려고 했다가, 속옷이 더러워지면 더 많은 비누를 써서 빨래를 해야 하니 도리어 물을 더 오염시키는 짓이라면서 엄마에게 치도곤을 당하고 풀이 죽어 있다는 이야기……. 그랬더니 마음이 누그러졌어.

민주 어머니는 국에 화학 조미료를 넣지 않으면 맛이 없다고 말씀하셔.

글루타민산나트륨으로 이루어진 화학 조미료는 1908년에 일본에서 처음 만들었대. 우리 나라에는 1963년부터 들어오기 시작해서 한때는 국민 한 사람당 소비량이 세계 최고에 이르기도 했어. 한 끼에 3그램에서 10그램 사이를 먹으면, 근육 마비나 두통이 생기고 그보다 더 많이 먹으면 중풍이나 급성 관절염에 걸리기 쉬워. 두 살이 안 된 어린아이에게는 특히 해로워서 미국은 1970년부터, 영국은 1982년부터 모든 유아 식품에 화학 조미료를 쓰지 못하도록 법으로 정했다고 해. 민주는 어머니한테 야단맞을 셈치고 화학 조미료를 치는 둥 마는 둥 해서 국을 끓였어.

신문 배달하랴, 노점상 하는 어머니 도우랴 민주는 눈코 뜰 새 없이 바빠. 대학에 갈 형편이 못 되는 줄 알지만 민주도 대학에 가고 싶어. 그래서 한때는 각성제를 먹으면서 공부하기도 했지. 민주 어머니도 신경통이 있어서 걸핏하면 약을 찾는 터라 민주는 약국에 자주 가는 편이야. 어느 날 약국에 찾아갔다가 약사 아저씨에게 야단을 맞았어. 약까지 먹어 가면서 입시 공부를 하는 것은 눈앞의 목표 때문에 먼 미래를 포기하는 어리석은 짓이라고. "대학에 가지 않아도 공부는 할 수 있다. 그러나 한번 건강을 해치면 대학에 가더라도 공부를 할 수 없다."고 말이야.

우리 나라 사람들처럼 터무니없이 덮어놓고 약을 믿는 국민은 세계에서 보기 드물어. 모든 약이 다 사람 몸에 이로운 것처럼 선전을 해 대고 있지만 사실은 그렇지 않아. 외국의 다국적 제약 기업은 지금 이 순간에도 자기 나라에서는 위험하다고 결정이 나서 판매하지 못하게 하는 약품을 제3세계에 버젓이 팔아먹고 있지. 외국에서는 엄격히 금지하거나 사용을 제한한 약품 29종을 국내 100개 가까운 제약 회사에서 232개나 되는 제품으로 만들어 팔고 있어.

민주는 탄산 음료를 거의 마시지 않아. 아니, 마실 형편이 안 된다고 하

는 편이 더 정확한 말이겠구나. 이런 민주 친구 가운데 콜라에 중독된 아이가 있는데, 이제 콜라를 마시지 않으면 소화가 안 된다나. 민주는 이 친구가 콜라 마시는 버릇을 없애 주려고 무던히 애를 썼어.

"은경아, 들어 봐. 너 지금 이빨이 다 삭아 버렸지? 게다가 숨이 가쁘고 흥분 잘 하고 가슴이 두근거리지? 어떻게 아느냐고? 그야 콜라에 중독된 사람이 보이는 일반 증상이니까.

1982년에 미국 식품의약국(FDA)에서 흰 쥐에게 콜라를 주사한 적이 있었는데 발가락이 없는 기형쥐가 태어났다더라. 콜라에는 다른 영양분은 하나도 없고 당만 있는데 이 당을 분해해서 에너지를 얻으려면 비타민 B_1이 필요해. 콜라를 많이 마시면 너처럼 입맛이 없어지고 노곤해져서 공부 시간에도 걸핏하면 졸게 되는데 그건 비타민 B_1이 모자라서 그런 거야. 그리고 당이 피하 지방에 많이 쌓여서 너처럼 뚱보가 되기 쉬워. 게다가 뼈가 자라는 데 꼭 필요한 영양소인 칼슘을 빼앗기기 때문에 심하면 뼈에 구멍이 생기는 '골다공증'까지 걸릴 수 있어. 이건 '골다빈증', 곧 머리가 텅 빈 증세 다음으로 나쁜 거야.

기왕에 잔소리를 한 김에 좀더 하자. 너 걸핏하면 도시락 반찬으로 햄이나 소시지를 싸 가지고 오는데, 그것도 되도록이면 먹지 마. 고기 종류는 시간이 지나면 산화되어서 붉은 색이 갈색으로 바뀌게 되는데, 이것을 막으려고 고기 가공품에는 발색제를 넣어. 발색제로는 아질산나트륨을 가장 많이 쓰는데, 이 화학 물질이 암을 일으킨대. 아질산나트륨이 고기 단백질과 결합하면 니트로조아민이라는 물질이 생기는데, 이게 바로 발암 물질이지. 그뿐인 줄 아니? 이 화학 물질은 빈혈, 구토를 일으키고 호흡 기능까지 떨어뜨린대.

또, 햄이나 소시지에는 방부제가 엄청 들어 있어서 많이 먹으면 암이나 중추 신경 마비에 걸릴 수 있어. 방부제에 쓰는 소르빈산칼슘이나 프로피온산나트륨, 살리실산, 디히드로초산나트륨 같은 것 때문이지. 너 우리 나라에서 파는 모든 햄, 소시지에 소르빈산이 들어 있다는 거 아니?"

이런 말을 듣고 은경이는 민주에게, "넌 아주아주 나쁜 애야. 내가 좋아하는 건 하나도 못 먹게 하고. 그럼 너처럼 맨날 멸치볶음이나 김치만 먹으라는 말이니?" 하고 투덜댔지만 차츰 콜라도 고기 가공품도 잘 안 먹는 것 같아서 기뻐.

날씨가 잔뜩 찌푸려 있더니 학교에 갈 시간이 되자 비가 내리기 시작했어. 어렸을 때는 비를 맞으면서 걷는 것이 즐거웠지만 지금은 그것마저 즐길 수 없게 됐어. 이 비는 산성비이기 때문이지. 서울 공단 지역에는 환경 기준치(PH 5.6)보다 열 배나 더 강한 산성비가 내리고 있다고 보아야 한대.

산성비가 내리는 것은 대기 오염 때문이야. 공장이나 자동차가 내뿜는 아황산 가스와 질소 산화물이 공중에 떠 있다가 대기 중의 습기와 만나면 황산과 질산으로 바뀌는데, 이 산화 물질이 빗물에 녹아 내리는 것이 바로 산성비야. 흙에는 많은 영양소가 있어서 식물을 잘 자라게 하는데, 산성비가 내려서 토양이 산성화되면 흙을 기름지게 하는 칼륨, 마그네슘, 칼슘 같은 것이 없어지게돼. 그러면 흙은 본래 가진 해독 능력을 잃고, 식물이 자라는 데 바탕이 되는 기능이 파괴되는 거야. 서울 남산에 쌓이는 낙엽도 잘 썩지 않아서 남산의 생태계가 완전히 망가졌다고 해. 애국가에 나오는 "남산 위에 저 소나무"가 말라 죽을 날이 얼마 남지 않았대.

또 산성비는 수중 생태계도 망가뜨려. 물고기가 죽고 알을 못 낳게 되는 거야. 노르웨이에 있는 1천 개가 넘는 호수는 물고기가 살지 못하는 죽은 호수로 바뀌었대. 그러니, 남의 일만이 아닌 것 같아. 한 보고서에 따르면

PH 5.2에서 수컷의 등이 굽고 머리도 작아지며, PH 4.5에서는 거의 모든 물고기가 기형으로 바뀌고 알은 깨어나지 못한대. 산성비 때문에 뼈의 주 성분인 칼슘이 없어져 버렸기 때문이지. 산성도는 숫자가 낮아질수록 그 정도가 심한 거래. 서울에서 딴 동네보다 공기가 맑은 관악산 기슭에서 1980년부터 1984년까지 다섯 해에 걸쳐서 142번이나 빗물을 검사해 보니, 정상 수치를 보이는 비가 내린 것은 18번뿐이었고 124번은 산성비가 내렸다고 하니, 요즈음에 서울에 비만 내렸다 하면 산성비일 것이라는 것은 구태여 물을 필요도 없는 일.

나래야.

쓰다 보니 '민주의 하루'가 아니라 '민주의 아침 나절'이 되어 버리고 말았구나.

어때? 이래도 세상 살맛이 나니? 이런 여러 가지 문제에 대해서 할 말이 무척 많지만 그 가운데 아무리 이해하려고 해도 이해할 수 없는 일이 한 가지 있어. 연성 세제인지 합성 세제인지 하는 것이 그렇게 건강에 해로운 공해 물질이라면 왜 정부에서 그런 공해 공장 문을 닫고 빨랫비누 공장으로 바꾸게 하지 않지? 괜한 궁금증일까?

—민주가

19
아빠와 나
우릴
잠깐!

이 상추
수상하다!

잎이 너무
깨끗해!
역시
농약?
바들
바들

가위 바위 보 해서
진 사람이 먹어 보기.
FIN

우리가 사는 공해 천국 2

나래야.

지난번 편지에 '민주의 하루'가 '민주의 한나절'로만 끝난 것 기억하고 있지? 오늘은 그 뒷 이야기를 할게. 들으면서 나 때문에 가슴 아파하지 마. 내 하루는 가난한 집안에서 태어나 자란 아이들의 하루하루와 다르지 않으니까. 그러고 보니 네 도시락 덕분에 점심 굶지 않고 한 해를 보낸 것이 까마득한 옛날 같구나.

어디까지 이야기했더라? 그래, 멸치로 국물 맛을 낼 형편이 못 돼 멸치와 비슷한 맛을 내는 화학 조미료를 국에다 듬뿍 넣는 엄마 밑에서 자란 민주가 화학 조미료를 듬뿍듬뿍 넣어서 국을 끓이다가 그것이 건강에 몹시 해롭다는 것을 알고는 될 수 있으면 적게 넣어 먹기로 했다는 이야기까지 했구나. 엄마한테 "네가 끓이는 국은 맛이 왜 늘 이 모양이냐?" 하고 꾸지람을 들은 뒤에 산성비를 맞으면서 학교에 가는 이야기에서 맺었잖아.

우리 나라에서 공해 문제를 가장 가까이 느끼는 사람, 공해 없는 세상에서 살려고 발버둥치는 사람은 노동자, 농민, 도시 빈민이 아니란다. 공해가 삶터 곳곳에 스며든 그이들이 아니라 도리어 공해 식품을 만들어 내는 자본가, 그 자본가들이 먹여 살리는 고급 공무원, 그리고 살림살이가 넉넉한 중산층이 공해 문제에 훨씬 민감해. 1970년대 말부터 우리 나라 수돗물을 절대 먹지 않는 사람들이 누군지 아니? 한국에 와 있는 미군들이래. 미군들은 처음부터 우리 나라 수돗물을 먹지 않고 '다이아몬드'나 '크리스탈' 같은 이름이 붙은 생수를 먹기 시작했다니 놀랍지? 한때 세계에서 가장 좋은 물로 알려졌고, 끓이거나 걸러 먹지 않아도 된다던 우리 나라 물이 어느 틈에 오염돼 버린 거야.

사정이 이렇게 되자 '미국 것이라면 똥도 좋다.'는 부자들이 가만 있었겠니? 이 사람들도 미국 사람들처럼 생수를 사 먹고 싶었지만 그 때는 외국인에게만 생수를 팔도록 되어 있었다나? 그래서 수백만 원, 수천만 원을 들여서 수십, 수백 미터 아래까지 파서는 지하수를 끌어올렸대. 얼마 지나고 나서 현대판 봉이 김 선달은 외국 사람들한테만 물을 팔 것이 아니라 우리 나라 사람들한테도 팔아야 이익이 많이 남는다는 것을 알게 됐대. 외국 사람들만 물을 사 먹을 수 있었던 법도 바뀌고, 너도나도 생수를 배달해 먹기 시작했다나 봐.

과자 공장 사장들이 자기 자식들에게 절대로 자기 회사 과자 안 먹이고, 라면 공장 공장장이 절대 자기 공장에서 만든 라면을 끓여 먹지 않는다는 말 들어 본 적 있니? 또 강남에 사는 사람들은 농약으로 키워 깨끗한 배추보다 곱절이나 더 많은 돈을 주고 벌레 먹은 배추를 사 먹는다는 이야기도 들어 봤지? 또 캘리포니아에서 기른 쌀에는 농약이 적게 들어 있다고 미군 피엑스(PX)에서 몰래 쌀을 사다 먹는 사람들도 있다고 하더라.

　그러니까 부자들은 농약을 치지 않은 먹을거리를 구하려고 시골에다 땅을 사고 사람들을 시켜 유기 농법으로 농사를 짓게 한대. 농민들과 따로 계약해서 농약을 쓰지 않고 벼나 채소를 기르게 하고는 그것만 먹는다는 거야. 내가 이런 이야기를 하는 것은 좋은 먹을거리를 먹겠다는 부자들을 나무라기 위해서가 아니야. 부자들뿐만 아니라 온 국민이 안전한 먹을거리를 먹어야 한다는 거지. 문제는 가난한 사람들은 농약에 찌든 먹을거리를 먹을 수밖에 없다는 거야.

　우리 집도 마찬가지였지만, 시골에서 아무리 열심히 농사를 지어 봤자 늘어나는 건 빚과 주름살뿐이야. 까닭이야 간단해. 우리 나라 자본가들은 선진국 자본가들보다 쌓아 놓은 기술이 적기 때문에 시장에서 이기기가 힘들다는 거야. 돈을 벌려면 값싼 임금으로 사람들이 일한 대가를 더 빼앗아야 하는데, 먹이지 않고 부릴 수는 없으니까 목구멍에 풀칠할 돈은 주어야 하잖아? 그런데 쌀값이 오르면 임금도 그만큼 더 많이 주어야 하니까 곤란하거든. 쌀값을 똥값으로 만들어 놓아야 임금을 적게 줄 수 있는데, 그러자면 농민들에게 헐값으로 쌀을 사들이지 않으면 안 되지. 다른 물건들 값은 마음대로 매기도록 놓아 두면서, 해마다 쌀값을 올리지 못하게 하는 저곡가 정책은 이렇게 저임금으로 노동자를 부려먹으려는 속셈에서 생겨난 거래.

　농산물 값을 보장해 주지 않으니까 농촌은 빚더미에 올라앉게 되고, 그렇게 되니까 너도나도 보따리를 싸들고 도시로 떠나게 돼. 그러면 시골에 일손이 줄어들 수밖에 없어. 유기농은 사람 손이 많이 가는데 농사지을 사람이 없으니 일손을 더는 방법을 찾을 수밖에. 일손을 더는 가장 손쉬운 방법이 농작물에다 농약을 덮어씌우는 거야. 그러니까 해마다 천 명 넘게 농약 중독으로 죽어 가면서도 농민들은 농약에 의지하는 거야. 그렇게 생산

한 먹을거리는 서민들 밥상에 그대로 올라오고.

민주는 대학에 갈 형편도 못 되는데다가 교과서에서 가르치는 것들이 살아가는 데 필요한 문제를 해결하는 데 도움이 안 되기 때문에 별로 신경을 쓰지 않았어. 그러니 대학에 갈 실력도 없어. 날마다 오전 네 시간, 오후 다섯 시간 딱딱한 의자에 앉아 선생님들 이야기를 귓전으로 흘려듣지. 자율 학습, 보충 수업 시간 제끼고 집에 돌아오면 대강 저녁을 챙겨 먹고 집에서 가까운 개척 교회에 나가. 예수님은 좋아하지만 기독교는 별로라고 생각하는 민주가 요즘 교회에 열심히 나가는 건 교회 전도사님에게 환경 오염에 대한 이야기를 귀동냥해 얻는 재미 때문이야.

오늘은 공해 문제 연구소에서 일하는 분이 와서 핵 문제 이야기를 했어. 민주는 강연을 듣고 난 뒤에도 일어설 줄 모르고 멍하게 앉아 있었지. 이야기가 몹시 충격이었거든.

나래야, 너 핵무기가 얼마나 무서운지 잘 모르지? 나도 어제까지는 모르고 있었어. 핵무기에 대한 강연을 들으면서 등골이 오싹하더라. 1945년에 미국이 일본 히로시마와 나가사키에 핵폭탄을 떨어뜨렸잖아? 요즘에는 미국이 일본에 핵폭탄을 쓰지 않았어도 일본은 곧 항복할 수밖에 없었다는 말도 나오는 모양이지만, 아무튼 핵 폭탄 때문에 7만 4천 명이나 되는 사람이 그 자리에서 죽고, 부상자 27만 명과 헤아릴 수 없이 많은 원자폭탄 후유증 환자가 생겨났대. 지원병이나 학도병이라는 그럴듯한 이름으로 강제로 일본에 끌려가거나 군 위안부로 잡혀간 우리 겨레 가운데도 이 지역에 살던 사람들이 아주 많았어. 7만 명이 넘는 우리 나라 사람들이 핵폭탄에 맞아 그 가운데 4만 명이 죽고 3만 명이 다쳤다더라. 그 속에서 살아남은 사람들 가운데 2만 3천 명 가까이는 해방과 더불어 귀국했지만 반 넘는 사람들이 후유증으로 죽었대. 그런데 비극은 여기서 그치는 게 아니

었어. 원자 폭탄을 맞은 영향은 그 세대에 그치지 않고 2세들에게도 나타
나고 있대. 원폭 피해자 2세들은 지금 이 순간에도 신체 허약과 피부병,
위장병, 축농증 같은 숱한 병으로 고생한다는 거야.

  원자력 발전소도 위험하기는 원자 폭탄이나 마찬가지래. 너 원자력 발
전소가 있는 영광에서 뇌 없는 아이가 태어나고, 고리에서도 기형아가 생
겼다는 신문 보도 읽었지? 우리 나라에 핵발전소 재고품을 반강제로 팔아
먹고 있는 미국조차도 1979년 3월 28일에 펜실베니아 주 드리마일에서
핵발전소 방사능이 새어 나가는 사고가 생긴 뒤에는 짓고 있던 핵발전소
53개 가운데 51개를 중지시켰다고 하잖아. 그 뒤로는 지금까지 단 한 건
도 새로 건설 허가를 내주지 않는다는 거야. 하버드 대학의 블루스 박사가
낸 통계에 따르면 드리마일에서 원자력 발전소 사고가 난 뒤에, 방사능에
오염된 지역에서 인구 만 명의 백 명 꼴로 암이 발생했다는 거야. 또 수많
은 사람들이 백혈병에 걸리고 뇌 없는 아이를 낳거나 유산을 하고 눈이 하
나밖에 없는 기형아를 낳기도 했대.

  1986년 4월 26일에 일어난 체르노빌 원자력 발전소의 사고는 더 큰 비
극이었어. 원자력 발전소의 전압이 이상해서, 여러 실험을 하다가 안전 장
치를 잠시 껐는데, 그것 때문에 결국 폭발 사고가 일어난 거였지. 원자력
발전소가 안고 있는 위험은 체르노빌 사고 때문에 다른 지역이 입은 피해
에서 확인할 수 있어. 물론 아직 그 내용 모두가 다 드러난 것은 아니지만
1987년 6월에 체르노빌에서 방출되어 북반구로 퍼져 나간 방사능 때문에
99종의 새가 부화율이 65퍼센트나 줄었어. 또 흑해 서쪽 해안에 있는 터
키의 듀체 마을에서는 체르노빌 사고가 일어나고 일곱 달 뒤에 열 명의 아
이가 뇌가 없는 상태로 태어났고 터키의 삼슨 마을에서도 스물두 명의 기
형아가 태어났어. 그런데 그 까닭이 체르노빌 난민들이 이 지역으로 피난

을 왔기 때문이라고 하네. 또 폴란드에서는 체르노빌 사고 1년 뒤에 신생아 출산율이 보통 때의 30퍼센트로 줄었다는 거야. 이 밖에도 체르노빌 원자력 발전소 때문에 그 이웃 나라들이 겪고 있는 피해는 헤아리기 어려울 지경이래.

그 위험한 원자력 발전소가 우리 나라에서 아홉 개나 가동되고 있고 앞으로도 마흔 네 개를 더 세울 거라니 우리는 그야말로 폭탄 위에서 놀고 있는 어린아이들 꼴이야. 그 가운데 주민들의 맹렬한 반대에도 전남 영광에 세운 영광 3, 4호기(11, 12호기)*가 얼마나 위험한 시설인지 한번 알아볼까?

현재 한국에서 가동되고 있거나 건설 중인 원자력 발전소는 안전상의 심각한 결함을 지니고 있으며, 미국은 자국의 재고품을 팔아먹으려고 한국 정부에 강력하게 압력을 행사하고 있다.

이것은 누가 지어 낸 소문이 아니고 1983년에 세계 은행과 유엔개발기구의 지시로 작성한 〈레비 보고서〉에 나오는 말이래.

문제의 핵심은 한국 전력 회사(이후 '한전')와 에너지 연구소가 하청 업체인 컴버스천 엔지니어링(CE)을 선정할 때 정치적 영향력이 작용했다는 것, 그리고 컴버스천 엔지니어링이 한전이 계획하고 있는 11, 12호기의 발전 용량 1백만 킬로와트급 원자로 설계 경험이 없다는 것에 있다. (줄임) ①에너지 연구소와 컴버스천 엔지니어링의 계약서 내용 중에 원전 11, 12호기 모델에 대한 안전성 보증을 받기로 되어 있는데, 미국 원자력 규제 위원회(NRC)로부터는 거부한다는 회신을 받았고, 제3의 공인 기관으로 꼽히는 미국 국립 원자력 연구소로부터도 아직 보증을 받지 못하고 있다. ②컴버스천 엔지니어링의 모델이 보증 요건이 되는 기존 모델(전력 회사에서 실제로 운전 경험이 있는 모델)에 해당되지 않는다. ③한전으로부터 상당한 연구비를 지원받고 있는 에너지 연구소 소장이 한국 핵연료 사장을 겸하고 있는 데다가 이 회사의 주식 가운데 95퍼센트를 한전이 쥐고 있다. ④원전 1~10호기까지 원자력 정책 최고 결정 기구인 원자력 위원회(위원장 부총리)에 정책을 심의한 적이 단 한 번도 없었다는 등의 사실이 지적되었다.

한편 컴버스천 엔지니어링은 대만의 원전 7, 8호기와 이집트에서도 각각 설계 승인이 없다는 점과 능력 부족을 이유로 입찰에서 탈락되었다고 한다.

위에 인용한 말은 1988년 10월 20일자 〈중앙 경제 신문〉에 나온 기사야. 국민이 살아가는 데 직접 관련이 있는 위험한 공장을 세우면서 어떻게 이렇게 무책임하게 계약할 수 있었을까?

"제너럴 일렉트릭(GE)과 함께 한국의 원자력 발전소 건설을 계약한 미국의 컴버스천 엔지니어링(CE)과 서전트 앤드 런디(SL) 등 두 회사의 입찰 과정에서 전두환 전 대통령 두 형제와 저명한 미국인들의 도움이 있었다."고 14일 〈월스트리트 저널〉지가 서울발 기사로 보도했다.

이 신문은 원자력 발전소 건설의 해외 입찰 경력이 별로 없는 컴버스천 엔지니어링을 도와 준 미국인과 한국인 가운데는 '스' 회사 '프' 대표가 있다고 밝혔다. 입찰 과정에 참여했던 사람들에 의하면 '프' 대표가 전경환 씨와 밀접하게 연결되어 있었다고 보도했다.

컴버스천 엔지니어링을 도운 미국인들로는 전 백악관 안보 담당 보좌관 윌리엄 클라크, 주한 미군 사령관을 지낸 예비역 장성 존 싱글러브가 있으며, 이

들 두 명은 컴버스천 엔지니어링에서 보수를 받는 고문 일을 하고 있음이 밝혀
졌다.

특히 클라크는 현재는 없어진 유에스 트레이딩 회사의 관리 이사 존 칼드웰
과 함께 원전 입찰 6개월 전인 1985년 5월에 서울을 방문, 전경환 씨를 로비 활
동에 끌어들이는 문제를 협의하였으며, 특히 칼드웰은 컴버스천 엔지니어링이
계약을 따내기 위해 전경환 씨의 영향력을 이용할 수 있도록 주한 미대사관 직
원들이 컴버스천 엔지니어링을 지원하라는 압력을 가했다고 〈월스트리트 저
널〉지는 보도했다.

1988년 9월 15일자 〈동아일보〉 기사야. 이렇게 해서 한국 전력에서는
그 동안 우리 나라의 원자로 대부분을 지은 웨스팅하우스보다 훨씬 비싸
게 입찰 가격을 부른 데다가, 대만과 인도에서도 능력이 없다고 해서 입찰
에서 떨어진 컴버스천 엔지니어링과 계약을 맺은 거야. 웨스팅하우스가 1
억 8천만 달러에 입찰했는데 컴버스천 엔지니어링은 2억 6천9백만 달러
에 했다지, 아마.

이게 말이나 되니? 어차피 우리 나라를 핵기지로 취급하고 핵발전소 재
고품 처리장쯤으로 알고 있는 미국은 그렇다치고, 한 나라의 대통령까지
하고 있는 사람이 온 국민의 생명을 볼모로 제 주머니를 채웠으니 말이나
되느냐고. 월성 핵발전소에서는 거의 날마다 중수가 흘러나와 그 곳에 살
고 있는 사람들을 위협하고 있어. 거기다 고리 해역은 국제 허용 기준치보
다 최고 2.89배나 많은 방사능 물질로 오염되어 있다는데, 핵발전소를 한
번도 만들어 보지 않은 회사가 우리 나라에 원자력 발전소를 두 개나 짓고
있대. 이런 무서운 일이 어디 있니?

나래야, 이제 우리도 가만히 있으면 안 될 것 같아. 내 땅을 지키기 위해

서는 무엇이든 해야 한다는 생각이 들어. 우리 손에 손잡고 핵무기 철수,
핵발전소 건설 반대 운동에 나서면 어떨까? 그러면 잡혀갈라나?

―민주가

*2000년 11월 현재, 우리 나라에는 전부 16기의 원자력 발전소가 가동 중이다. 원자력 발전소
보유 규모로 세계 9위다. 2015년까지 총 16기의 원자력 발전소를 새로 건설할 예정이다.

㉠

아빠와 나

말과 글과 얼

아버지가 나래에게

나래야.

이제 곧 한글날이구나. '한글날' 하면 세종대왕부터 떠오르지? 나도 세종대왕은 훌륭한 임금이라고 생각해. 세종대왕 때는 덕이 있고 청렴한 벼슬아치들이 많이 나올 수 있었으니까. 내가 어렸을 때 너희 할아버지께서 해 주신 옛 이야기 가운데 '맹고불' 이야기가 있단다. '맹고불'은 세종 때 정승을 한 맹사성의 별명이야. 언젠가 이분이 어느 곳으로 나들이를 할 일이 있었어. 정승이 온다는 말을 듣고 그 곳 벼슬아치들이 바짝 긴장해서는 이른 새벽부터 길을 쓸어 놓았더니, 웬걸! 그 길로 허름한 옷차림을 한 노인네 한 분이 소를 타고 오더라나. 정승 어른이 나타나기를 이제나저제나 하고 잔뜩 기다리던 벼슬아치 가운데 한 사람이 이 노인네에게 "여보슈, 지금 나라에서 귀한 어른이 온다고 해서 길을 닦아 놓았는데, 먼저 지나가면 어떻게 하우? 원님 지나가기 기다려 길 닦아 놓았더니, 보리문둥이가 먼저 지나간다더니 내 참!" 하고 핀잔 반 불평 반 투덜댔더니, 그 노인 가로되, "내가 바로 맹고불이요." 하는데 그 벼슬아치, 맹고불이 누군지 알 수 있나. "고불인지 고뿔인지 몰라도 정승 어른 나타나기 전에 얼른 지나 가우." 손을 내젓는 것을 보고 "고맙구랴." 하고 그냥 지나갔다는 이야기.

그러니까 세종대왕은 신하들이 백성에게 잘 봉사하도록 열심히 부추겼 다는 말인데, 한글을 만든 것도 따지고 보면 세종대왕이 아니고 그 당시 언어학자들이었지. 그러면 왜 임금이 몸소 지었다는 '어제(御製)'라는 말 을 붙였느냐고? 너도 생각해 봐라. 그 당시의 지식인들은 모두 지배 계급 에 속하는 양반들이었는데, 이 사람들은 어렸을 때부터 중국말인 한문에 절어서 한문이 아닌 것은 글로 치지도 않았거든. 세종대왕은 일찍부터 백 성들이 잘 살아야 나라도 잘 다스릴 수 있다고 생각했지만, 날마다 이 곳 저 곳 직접 다니면서 백성들의 이야기를 귀담아들을 시간이 없었지. 백성 들이 자기의 뜻을 글로 써서 알리면 좋으련만, 우리 나라 말이 중국말과 많이 달라서 아무나 쉽사리 한문을 익힐 수가 없었으니 문제지. 어떻게 해서든지 백성들의 이야기를 바로 귀담아들으려면 백성들이 쉽게 쓸 수 있는 글자를 만들어야겠는데, 그 당시 양반들의 반대가 만만치 않았단 말 이야.

그래서 한편으로는 진보 학자들을 모아서 몰래 한글을 만들도록 한 거 야. 그리고 시치미를 떼고 있다가 그 사람들이 한글을 다 만들고 난 뒤에 야, "자, 봐라, 이것은 백성을 가르치는 바른 소리(訓民正音)인데 바로 내 가 만들었으니까 군소리 없기 바란다." 하고 떡 하니 발표를 해 버렸던 거 야. 그렇다고 해서 그 고루한 보수 양반들이 가만히 있을 리가 있나. '하루 아침 개글'을 어찌 '진서'(중국글만 참된 글이라고 해서 이렇게 불렀지. 정말 간도 쓸개도 없는 형편 없는 사대주의자들이지.)에 비기겠느냐고 들 고 일어섰지. 세종의 대단한 점은 바로 여기에서 드러나지. 벌 떼처럼 들 고 일어서는 보수 지식인들의 온갖 헐뜯음을 가만히 듣고 있다가, 이 훈민

정음이 당신네들 말처럼 그렇게 쓸모 없는 것인지 아닌지 어디 한번 보자,
이 글로 우리 조상들의 행적을 기리는 노래를 지어 보겠노라 하고 《용비
어천가》를 한글로 쓰게 했거든. 임금이 조상들의 행적을 적은 글을 가지
고 시비할 배짱이 있으면 덤벼 보라는 거지.

이런 어려움을 거쳐서 한글을 만들기는 했는데, 요즘처럼 한글로 공무
원 시험을 치고, 한글로 공문서를 쓰고, 한글로 논문을 쓰고, 시를 짓고,
학문을 한다면 양반들이 양반 노릇 할 길이 막히게 되지 않겠니? 생각해
봐라. 양반이 조상 뼈다귀 하나로 손에 흙 묻히지 않고 한평생 편안하게
살 수 있었던 것은 정보를 독점할 수 있었기 때문이거든. 다시 말하면, 상
민인 사람들은 꼭두새벽부터 밤늦게까지 힘들게 육체 노동을 하지 않으면
살 수가 없으니까 어려운 학문을 배울 겨를이 없었던 거야. 하기는 그럴
겨를이 있다 해도 비싼 학자금 내고 서당에 다닐 형편도 못 되었지만. 그
에 견주어 양반 자식들은 날마다 놀고먹어도 되니까 그 어려운 한문을 달
달 외울 시간이 충분했지. 과거 시험도 한문으로 보고, 공문서도 한문으로
쓰고, 하다못해 재판을 할 때 판결문도 한문으로 쓴 것은 바로 정보를 독
차지해서 계급 질서를 강하게 하고 일반 민중들을 정보에 다가서지 못하
도록 막기 위해서야.

세종을 뒤이은 임금들이 세종만큼만 당찼다면 봉건 사회는 좀더 일찍
뒤집어졌을지도 몰라. 그렇지만 한 사람의 힘으로 그 단단한 봉건 질서가
무너지지 않는다는 것은 우리의 역사가 보여 주고 있지 않니?

우리 조상들이 양반 계급 등쌀에 끼막눈 아닌 까막눈이 되어 억눌리고
빼앗기면서 살게 된 사연을 지식과 정보를 독차지한 데서 찾다 보니까 이
야기가 이상하게 흘러갔네. 어쨌든 이런 야바위놀음은 우리 나라만이 아
니라 중세 서양에서도 벌어졌어. 서양에서는 지배 계급과 승려 계급(승려

들도 지배 계급에 속했지.)이 공문서와 종교의 경전까지 라틴어로 써서 그 낯선 외국어를 익힐 시간도, 경제적 능력도 없는 사람들을 까막눈으로 만들어 마음껏 속이고 짓누르고 빼앗는 데 성공을 했단다.

나래야.

아기가 세상에 나와 맨 먼저 배우는 것이 무엇인지 아니? 걸음마? 그래, 걸음마를 먼저 배우지. 그럼 왜 걸음마를 먼저 배울까? 맞아, 두 발로 몸의 균형을 잡고 두 손을 놀려 일을 해서 먹고살 길을 찾으려고 그러는 거지. 그런데 걸음마 못지않게 일찍 익히는 것이 있어. 그래! 그래! '말' 이지. 대체로 아이들은 두 살 때까지는 기본 의사 소통에 필요한 말부터 익히게 돼.

그런데, 무엇 때문에 이렇게 일찍 말을 익힐 필요가 있을까? 사람은 사회 생활 속에서만 살 길을 찾을 수 있기 때문이야. 짐승들에게는 말이 없어. 개미나 벌이나 얼룩말같이 모여서 사는 동물들에게도 말이 있지 않냐고? 네 말대로 벌들이 자기 동료들에게 꽃이 있는 위치와 방향과 거리를 몸짓으로 알려 준다는 것은 잘 알려진 사실이야. 그렇다고 벌이 말을 할 수 있다고 볼 수는 없어. 왜냐고? 벌이 동료에게 꽃이 있는 곳을 알려 주는 법은 배워서 알게 된 것이 아니라 타고난 본능이니까.

겉으로 보기에는 사람이 집을 짓는 것이나 벌이나 거미가 집을 짓는 것이 마찬가지 같지만 그렇지 않아. 벌이나 거미가 본능에 따라 집을 짓는 것과는 달리 사람은 경험을 통해서 집의 설계도를 머릿속으로 그리고 그 설계도에 따라서 집을 짓는 거야. 본능으로 하는 일과 학습을 통해서 하는 일은 엄청나게 큰 차이가 있단다. 이를테면 벌은 꽃이 눈 앞에 있을 때만 동료들에게 꽃이 있는 곳을 알려 줄 수 있지만, 사람은 그럴 생각만 있다면 자기가 어디에 있건 상관 없이 동료들에게 거기에 무엇이 있는지를

알려 줄 수 있지.

어떤 학자는 사람이 다른 짐승들과 확실하게 다른 점은 말을 할 수 있는 것이라 했는데, 이런 점에서 귀담아들을 만하지. 아까 말한 대로 지배 계급은 글을 독차지하면서 지배 체제를 이어 가기는 했지만 말까지 독차지할 수는 없었어. 왜 그런지 아니? 말은 누가 없애고 싶다고 해서 쉽사리 없어지는 것도 아니고, 또 새로 만들고 싶다고 해서 쉽사리 만들 수 있는 것도 아니기 때문이야. 그러니까 양반들이 관청에 가서는 제아무리 거드름을 부리면서 팔을 걷어붙이고 붓을 들어 한문으로 된 문서를 휘갈겨서 상민들을 겁먹게 할 수 있었다 할지라도 집에 와서 식구나 하인들과 이야기를 나눌 때는 우리말을 쓸 수밖에 없었다는 거지. 물론 말투야 거드름이 배어서 "이리 오너라.", "게 아무도 없느냐?", "김 참판 왕림하셨다고 여쭈어라." 어쩌고저쩌고 위세 당당했겠지만 "다시 보자."를 "재견(再見)"으로 바꾸어 말하지는 않았다는 거야.

다른 짐승들에게 말이 없다는 것은 역사가 없다는 말이기도 해. 짐승들은 모든 것을 감각으로 파악하지. 그리고 이 감각 가운데 어떤 것은 본능으로 바뀌어 유전이 되고. 그러니까 짐승들에게는 현재만 있고, 과거나 미래는 없는 거야. 다시 말하면 짐승에게는 이 사슴 저 사슴, 이 너구리 저 너구리는 있지만 '사슴'이나 '너구리'는 없어. 좀 어렵니? 어떻게 설명하면 좋을까? 사람은 눈 앞에 실제 대상이 없어도 그것을 머릿속에 그릴 수 있잖아? 우리는 공상 과학 소설에 나옴직한 미래도 그리고, 또 우리 머릿속에만 들어 있는 삼가형 같은 기하학 도형도 그리거든. 이를테면 "삼각형이 무어냐?" 하고 물으면 우리는, "그것은 세 직선이 모여서 이룬 내각의 합이 180도인 평면 도형이다." 하고 대답할 수 있지. 이 삼각형은 우리 머릿속에만 있는 거야. 칠판에 그려진 삼각형도 있지 않느냐고? 물론 그렇지. 그렇지만 우리는 그런 삼각형을 삼각형의 특수한 형태라고 부르지. 칠판에 그려진 삼각형은 일정한 크기를 가지고 있고 또 그 모양도 예각삼각형이나 둔각삼각형이나 이등변삼각형이나 정삼각형일 수밖에 없는데 그냥 삼각형은 그런 특별한 크기나 모양을 가지고 있어야 하는 것은 아니니까. 그런데 우리는 '이 삼각형'이나 '저 삼각형'이 아닌 그냥 '삼각형', '이 사람'이나 '저 사람'이 아닌 그냥 '사람'을 머리에 떠올릴 수 있고, 그것을 말로 나타낼 수 있거든. 사람은 다른 동물과는 달리 추상할 수 있는 능력을 지니고 있고, 이 능력은 그냥 타고난 것이 아니라 사는 동안 배워 익혀서 지니게 되는 능력이라는 말이야.

말도 아무렇게나 한다고 해서 말이 되지는 않아. 말하는 법을 알아야지. 그런데 중국말 하는 법 다르고 일본말 하는 법 다르고 미국말 하는 법 다르지 않니? 이렇게 말이 달라진 데에는 처음에는 자연의 영향이 컸을 거야. 우선 우리 나라같이 산도 많고 나무도 많아서 그 안에 온갖 풀벌레나 짐승이 사는 곳에서는 자연에서 들리는 소리도 풍부하고, 그에 따라서 갓 태어난 아이의 귀에 들리는 소리도 다양하겠지. 풀벌레 소리, 날짐승 소리, 시냇물 흐르는 소리, 숲 사이로 지나는 바람 소리. 이런저런 소리를 가려듣게 되면서 소리의 질서를 파악하고 이 질서를 바탕으로 삼아 목에서 울리는 소리를 끊어 내어 말을 만들었을 거야. 아프리카 정글에 사는 사람 귀에 들리는 소리 다르고, 사하라 사막에 사는 사람 귀에 들리는 소리 달랐겠지. 그에 따라 목소리를 질서 있게 끊어서 말을 만드는 방식도 달라졌겠지. 자연 현상이 다르면 다만 말만 다른 것이 아니라 사회 현상도 달라지고 그에 따라 경험도, 그 경험을 추상하는 방식도 달라지면서 생각하는 방식이 달라지고, 그 생각을 말로 나타내는 법, 곧 어법까지 달라졌겠지. 또 말하는 방식이 달라지면서 생각하는 방식도 달라졌을 거야.

예를 들어 어떤 사람이 프랑스 철학자 사르트르의 책을 우리말로 옮기면서 제목을 '존재와 무'라고 했다 치자. '존재'나 '무'는 본디 우리말이 아니기 때문에 이런 제목을 보면 우리는 '그 책 되게 어렵겠는데……' 하는 막연한 느낌만 갖게 되고, 그 책이 왜 중요한지 짐작조차 할 수가 없어. 그런데 그 책 제목을 '있음과 없음'이나 '있다, 없다'로 옮겨 놓으면 딴판이 되지. '있다', '없다'는 우리가 늘 쓰는 가장 기본이 되는 말이거든. 우리는 무엇을 '참말'이라고 하지? 있는 것을 있다고 하고, 없는 것을 없다고 할 때 참말이라고 하지? 또 어떨 때 무엇을 '좋은 것'이라고 하지? 있을 것이 있고 없을 것이 없을 때 그것을 '좋다'고 하고, 있을 것이 없거나 없을 것이 있을 때는 '좋지 않다'고 하지? 우리가 한글과 영어를 '다르다'고 하는 까닭은 한글에 있는 어떤 것(그것이 문법이 되었건 글자 모양이 되었건 그 밖의 어떤 것이 되었건)이 영어에는 없고, 한글에 없는 어떤 것이 영어에는 있기 때문이야. 이처럼 있음과 없음은 참과 거짓, 좋음과 나쁨, 같음과 다름을 가리는 기준이 되는 말이기 때문에 우리말에서 가장 중요한 자리에 자주 쓰이게 되는 거야.

내가 이렇게 말하는 것은 우리가 아무 생각 없이 무심코 쓰는 낱말 하나에도 우리 겨레의 삶을 비춰 주는 생각의 틀이 고스란히 담겨 있기 때문에 다른 어떤 대단한 외국말도 이 말을 대신할 수 없다는 것을 밝히기 위해서야. 유식한 체하는 지식인들이 일반 민중을 겁주려고 거들먹거리면서 별별 희한한 외국말로 우리말을 바꿔치기 하려고 제아무리 발버둥쳐도 소용없어. '존재'나 '무'는 머지않아 우리 기억 속에서 사라져 아무도 거들떠보지 않겠지만, 우리말이 없어지지 않는 한 '있다'는 말이나 '없다'는 말은 없어지지 않을 테니까 말이야.

나래야.

　우리 나라에는 말은 곧잘 하면서도 글이라면 한 줄도 제대로 쓸 줄 모르는 사람이 무척 많은데 왜 그런 줄 아니? 글을 익힌 사람 가운데에도 글을 쓸 줄 모르는 사람이 많다는 뜻이야. 그것은 우리가 하는 말의 질서와 쓰는 글의 질서가 다르기 때문이야. 봉건 시대 양반님네들은 우리말을 우리 글로 옮기는 것을 채신머리없는 짓이라 여겨서 ‘아녀자’나 ‘아랫것’들만 우리글로 뜻을 나누고, 그 양반님네들은 평생에 걸쳐 배워도 익히기 쉽지 않은 한자로 글쓰기를 고집했지.

　너 최남선이라는 사람 알지? 그 사람 유명한 친일파인데, 그 사람이 우리 나라에서 맨 처음으로 서양시를 닮은 ‘신시(新詩)’라는 것을 썼다더구나. 아직도 시험에 그 문제가 심심치 않게 나온다더라. 그 제목이 ‘해(海)에게서 소년에게’인데, 우리말에 그런 표현이 어디 있니? ‘바다가 아이한테’라고 하면 안 되나? 그런데 이런 서투른 영어 번역식 말이 유식하고 멋있는 말인 것처럼 행세를 했으니 백성의 말도 달라질 수밖에 없었지. 식민지 시대에도 지배 계급과 지식인들이 일본어 문법을 본떠서 글을 쓰고 외세의 입김에 묻어온 낱말은 받아들였지만, 우리말의 질서만은 고스란히 지키고 있었는데 말이야. 너 교과서를 마치 무슨 신줏단지처럼 무조건 받들어 모시지만 말고 교과서에 나오는 글을 비판의 눈으로 꼼꼼이 따져 가면서 읽어 봐. 그러면 거기에 나오는 글이 우리가 보통 주고받는 말과 얼마나 다른지 금방 알아차리게 될 거다.

　물론 서양말이라고 해서 말과 글이 꼭 같지는 않아. 그렇지만 우리 나라처럼 말과 글의 질서가 동떨어진 경우는 거의 없어. 무엇보다 큰 문제는 우리말이 우리의 얼이 배어 있는 우리말 어법에 따르고 있는데 견주어 우리가 쓰는 글, 특히 지식인들이 쓰는 글은 일본어와 영어의 문법 체계를 따르고 있다는 거지. 말을 그대로 옮겨 놓으면 글이 되는 세상이 되어야 누구나 제 마음 속에 담아 둔 생각을 멀리 있는 사람들에게도 전할 수 있는 것 아니니? 민주주의가 좋다는 게 뭐니? 모두가 할 말은 하고 사는 세상이라 좋다는 거잖아. 봉건 시대 지배 계급들은 일반 백성은 배울래야 배울 길이 없는 한자를 자기들만 익혀서 정보를 독차지하고, 식민지 시대 지배 계급들은 보통 사람은 죽었다 깨어나도 알 수 없는 어려운 말로 온갖 법령을 만들고 공문서를 쓰고 식민 통치에 필요한 글을 써 제꼈지. 이런 역사가 백성과 겨레의 이익에 반대된다는 것을 알았으면, 이제라도 달라져야지. 이제는 이 나라 지식인들이 남의 글 질서에 따라 제 나라 글 쓰는 더러운 버릇을 고쳐야지. 아직도 이렇게 제 나라 말의 질서를 우습게 알고, 그 질서를 따르지 않으면 않을수록 유식한 것으로 행세하니, 이 얼빠진 문화 사대주의를 어찌하면 좋으냐?

이제 고백한다마는 네 아비도 외국말 문법에 맞추어 쓰는 글이 잘 쓰는 글인 줄 알고 외국말을 흉내내어 쓴 글이 적지 않다. 그리고 한번 몸에 익은 더러운 버릇을 쉽게 고칠 수 없어서 잠깐만 정신을 놓으면 어느 틈에 또 서양 말투를 흉내내게 되는구나.

나래야.

한 마디만 더 하마. 너 '불'이라는 말 알지? '성냥불', '전깃불', '연탄불', '장작불' 하는 불 말이다. 지금 우리는 이 말이 본디 지녔던 뜻을 다 잊어버리고 물리적 현상만을 가리키는 말로 쓰고 있다. 그러나 이 말은 훨씬 더 깊은 뜻을 지니고 있었어. 너 옛날에 우리 조상들이 생식에 관련된 신체 부위를 뭐라 했는지 아니? 생식기는 '불'이고, 고환은 '불알'이고, 생식기가 자리잡은 곳은 '불두덩'이고, 거웃은 '불꽃'이었어. 그러니까 옛날 우리 조상에게는 불이 생식의 원천, 생명의 근원을 가리키는 말이었다는 거지.

어찌 불뿐이겠니? 물도 바람도 흙도 파헤치면 얼마든지 더 깊은 뜻을 지니고 있을 거야. 그 말의 뜻을 알면 우리 조상들이 무엇을 어떻게 생각했고 어떤 느낌을 어떻게 나타내려고 했는지를 알게 되겠지. 낱말이나 말귀를 제대로 알아채면 그 다음에는 우리 겨레의 사상이나 신앙 체계까지도 미루어 알 수 있는 길이 열리겠지. 그러나 나래야, 불행하게도 우리에게는 우리말의 비밀을 알려 줄 어원 사전이 없구나. 그리고 우리 나라 사람의 생각의 틀을 드러내 줄, 우리 문법을 우리말 질서에 따라 밝혀 놓은 문법 사전도 없구나. 하다못해 우리 나라 사람들이 낱말이나 말귀를 어떤 경우에 어떻게 썼는지 알려 줄 용례 사전도 없구나. 참으로 부끄럽구나.

한때 네 아비의 꿈은 오랫동안 감옥에 들어가서 장기수 노릇을 하는 것이었단다. 물론 죄는 나라와 민족을 뜨겁게 사랑한 죄여야 하고. 왜 그런 끔찍한 꿈까지 꾸게 되었느냐고? 엉터리없는 생각일지 모르지만 감옥 안에서 다른 일은 다 잊고 우리말 사전 연구에 몰두하고 싶었단다. 그래서 내 손으로 우리말 쓰임새 사전을 만들고 싶었단다. 오죽하면 옛 서양 철학을 밥벌이로 삼고 사는 엉터리 철학자가 이런 엉뚱한 꿈까지 꾸게 되었겠니? 그만큼 우리말, 우리글을 되찾고 되살리는 문제는 한시를 다투는 급한 문제라는 것이 아비의 생각이다.

네 아비는 오래 전부터 '나에게 좋은 선생님이 계셔서 중학교, 고등 학교 다닐 때, 너는 우리말을 공부하라고 말씀해 주셨더라면 얼마나 좋았을까?' 하고 생각한 적이 한두 번이 아니었다. 지금이라도 늦지 않았다고 할지 모르겠다마는 학문의 길이 다르니 어쩔 수 없다. 너나 네 동무들 가운데 특별히 말에 관심이 있는 사람이 있으면 부디 우리말을 열심히 공부하고 우리말의 질서를 밝혀, 다음 세대는 그 질서에 따라 우리글을 써서 생각과 느낌을 나누게 해 다오.

우리 겨레의 얼이라는 것이 딴 데 있는 것이 아니다. 그것은 바로 우리 말에 있고 우리말의 질서에 따르는 우리글에 있다.

—아비가

21
우잉
아빠와 나

아빠! 법 없어도
살 사람이란 건
어떤 사람이야?
1

워낙이 법을 잘
지켜서 법이
없어도 착하게 살
것 같은 사람이지!
2

와~! 나도
그런 사람이
되고 싶어!
띠덱!
3

바보나 그렇게
사는 거다!
4
우잉

그분들이 받았던 벌을 달게 받으렴

나래야.

윤영규 선생님께서 감옥에 갇히신 뒤로 계절이 세 번이나 바뀌었구나. 윤 선생이 무슨 죄를 지은 거냐고? 글쎄다. 우리 속담에 '법 없이도 살 사람' 이라는 말이 있는데, 윤 선생이 바로 그런 분이야. 지은 죄의 크기로 따져 감옥에 들어가기로 친다면 맨 마지막으로 들어갈 분 같았는데, 어느 날 갑자기 쇠고랑을 차게 되셨으니 무슨 영문인지 모르겠구나. 구태여 곡절을 찾자면 이분이 학생들을 유난히 사랑했고, 사랑하는 학생들에게 바른 교육을 베풀 터전을 마련하려고 전국교직원노동조합*을 만드는 데 앞장 섰던 탓이라고나 할까? 이분이 전국교직원노동조합 위원장을 맡지 않으셨다면 감옥에 갇힐 일도 없었을 테니 말이다.

이쩌면 너는 법을 어긴 사람은 어긴 만큼 죄를 지은 것이니까 그 죗값을 치러야 하고, 죗값을 치르자면 감옥에서 고생하는 것을 달게 받아들여야 한다고 생각할지 모르겠다. 네 머릿속에는 교과서에서 배운 '악법도 법' 이라는 소크라테스의 말이 떠오를 수도 있겠지.

그럼 지금부터 죄와 벌에 관한 이야기를 좀 해 볼까?

나는 어느 인류학자의 책에서 아프리카의 한 원시 부족이 공동체 안에서 일어난 범죄를 어떻게 처리하는지 읽은 적이 있다. 먼저 죄를 지은 사람을 마을 큰 마당 한가운데 앉혀 놓고 추장을 가운데 두고 양 옆에 재판을 맡을 마을 사람들이 나이 순서로 둘러앉는대. 추장 오른쪽에 앉은 사람은 '변호사'를, 왼쪽에 앉은 사람은 '검사' 역할을 맡는 거야. 재판이 시작되면 마당 한가운데 앉은 사람이 무슨 죄를 지었는지를 알려 주고 나서, 나이가 어린 차례로 한 편에서는 고발을 하고 다른 한 편에서는 변호를 하도록 해서 맨 마지막에 추장이 그 의견을 종합하여 판결을 내려. 가장 무거운 벌이 공동체에서 쫓아 내는 거라나. 그러나 이런 큰 벌을 내리는 경우는 거의 없다는 거야.

옛날 우리 농촌 공동체의 재판 절차도 비슷했어. 마을에서 누군가 잘못을 저지르면 마을 어른들이 사랑방에 모여 어떤 벌을 줄까 의논했어. 그 벌이라는 것이 주로 허드렛일이나 힘든 일을 정해진 기간 동안 불평 없이 하도록 하는 것이었지. 마을에서 쫓아 내는 것 다음으로 큰 벌은 '멍석말이'였는데, 사람을 멍석에 말아 놓고 동네 사람 아무나 마구 패도록 하는 것이었어. 왜 멍석에 마느냐고? 다른 까닭도 있겠지만 첫째, 맞는 사람을 보호하려고 그랬을 거야. 짚으로 엮은 멍석은 두껍기 때문에 그것으로 몸을 둘둘 말아 놓으면 어지간히 세게 때려도 큰 상처를 입지 않게 되거든. 둘째로는 맞는 사람이 누가 자기를 때리는지 보지 못하게 해서 그 사람들에게 앙심을 품는 일이 없게 하기 위해서였을 거야.

옛날 사람들이 요새 사람들보다 더 잘살아서 경제 범죄가 없었던 것은 아니야. 살기야 옛날이 훨씬 더 어려웠지. 요즘과 달리 옛날에는 특별한 신분이 아니면 너나없이 굶기를 밥 먹듯 하는 때가 한 해에도 몇 번씩 있

었으니까. 이렇게 가난하게 살았어도 남의 것을 넘보지 않았던 까닭은 잘사는 사람 따로 있고 못사는 사람 따로 있지 않은 평등한 삶의 조건 때문이었어. 또 끊임없이 새로운 욕망을 길러 내는 상품 광고도, 진열장도 없었기 때문이었다고도 할 수 있지.

지금 우리 나라 감옥에 있는 사람들 가운데 아마 열의 아홉은 가난한 사람들일 거다. 오죽하면 '유전무죄 무전유죄'라는 말까지 생겨났겠니? 돈만 있으면 있는 죄도 없앨 수 있고, 돈이 없으면 없던 죄도 뒤집어쓰게 된다는 것이 바로 이 말이란다. 그러니까 경제 불평등이 범죄를 키우는 근본 원인이라고 할 수 있지. 이를테면 어떤 마나님은 천만 원짜리 모피를 사 입고 다니는데, 한 달에 20만 원으로 다섯 식구가 살아가는 어려운 이웃 50가구, 250명이 굶주리고 있다 치자. 그리고 그이들이 "사흘 굶어 남의 집 담 넘지 않는 사람 없다."는 속담대로 도둑질을 했다고 치자. 법에 따르면 그 마나님에게는 아무 죄가 없고 남의 것을 훔친 어려운 사람들은 벌을 받게 되지만, 네 생각은 어떠니? 마나님이나 그 마나님의 가난한 이웃들이 죄에서 벗어나려면 평등한 사회가 만들어져야 한다는 생각 안 드니?

윤영규 선생님말고도 전국교직원노동조합에 가입했던 선생님 1천5백여 명이 법을 어겼다 하여 교단에서 쫓겨난 것을 너도 알 거야. 그럼 이분들이 지은 죄는 무엇일까? 정부에서 이야기하는 대로 그 가운데 몇 분은 살기 좋은 나라를 뒤엎으려는 불순한 생각을 가지고 있고, 나머지 사람들은 어리석어서 멋모르고 죄의 구렁텅이에 빠졌다고 해야 할까? 네 아비는 그렇게 믿지 않는다. 이분들이 제 잇속을 앞세우지 않는 분들이라는 것은 한결같이 돈 봉투를 마다한 분들이라는 사실에서 또렷하게 드러나거든. 지난 여름에 네 아비가 명동성당에서 눈으로 보고, 또 신문에서 보니, 너희들이 대표로 뽑은 학생들까지 학교에서 쫓겨날 각오를 하고 그분들의 뜻을 따르고자 하더구나. 학생들이 어리석은 선생님들을 특별히 더 좋아하기 때문에 그러는 것도 아닐 테고, 그 선생님들이 어리석어서 죄를 지은 것도 아닌 것 같고…….

내가 알기로 이분들에게 공통점이 있다면 그것은 모두 학생들을 끔찍하게 사랑한다는 건데, 그래, 맞구나, 이분들은 사랑이 없는 세상에서 아이들을 사랑하는 죄를 저질렀구나. 참으로 큰 죄를 저질렀구나. 자살을 꿈꾸는 아이들을 무심히 보아 넘기지 못한 심약죄, 점수 경쟁을 견디지 못하고 절망에 빠져 빗나가는 아이들을 포기하지도, 방관하지도 못한 애정 과잉죄, 민주적이지 못한 교육 행정이나 교육 제도에 순응하지 않고 맞서는 민주 지향죄, 잘못된 교과서를 교리 문답서처럼 신성하게 떠받들지 않고 비판의 눈으로 보는 무비판 거부죄, 학부형이 주는 돈 봉투를 챙기지 않고 되돌려주는 뇌물 경시죄……. 따지고 보니 한두 가지 죄가 아니구나.

하기야 이 죄 많은 세상에서, 죄 없는 세상의 주인이 될 사람을 길러 내겠다는 죄보다 더 큰 죄가, 어디 있겠느냐? 그리고 보면 모두가 사람답게 사는 세상, 모두가 자유롭고 평등하고 우애롭게 사는 세상이 오기 전까지는 아무리 애써도 죄의 덫에 걸리지 않기란 어려운 일이겠지. 어쩔 수 없이 저지를 수밖에 없는 죄라면 너도 네가 사랑하는 선생님들이 지었던 죄를 즐겨 짓고, 그분들이 받았던 벌을 달게 받으렴.

나는 네가 이 선생님들이나 노동 운동으로, 학생 운동으로, 민주화 운동과 통일 운동으로 직장이나 학교에서 쫓겨나고 졸지에 감옥에 들어갔던 분들을 본떠서 '악법은 그 법을 어겨서 깬다.'는 당당한 태도로 살아가기를 바란다.

—아비가

*1989년 5월, 교원의 노동권을 보장하고, 학생의 자치 활동을 지원하여 학교를 민주화하겠다는 목적으로 선생님들이 모여서 전국교직원노동조합을 만들었다. 윤영규 선생님이 초대 위원장으로 뽑혔다. 교사가 노동조합을 만들었다는 데 대한 뿌리 깊은 거부감과 정부의 탄압으로 같은 해 6월, 결국 윤영규 선생님이 구속되었고, 7월에는 전국교직원노동조합의 조합원 전부의 파면과 해임이 결정되었다. 1,527명의 선생님이 학교를 떠나야 했다.
  1994년에 1,294명의 선생님이 복직했고, 1999년 7월에는 전국교직원노동조합이 합법화되었다.

모두가 사람답게 사는 세상을 여는 길

온종일 비바람에 흔들리는 창문 소리를 들으면서 《이오덕 교육 일기》를 읽었다.

무엇 때문에 글을 쓰는가? 살아가는 길을 찾기 위해서다. 무엇 때문에 아이들에게 글을 쓰게 하는가? 살아가는 길을 가르쳐 주기 위해서다.

아이들의 글은 자기의 생활을 자기의 말로 쓰게 해야 합니다. 아이들의 말은 사투리입니다. 더구나 저학년 아이들은 사투리를 없애면 말이 안 되지요. 아이들이 사투리를 못 쓰게 하는 것은 표현 수단을 빼앗는 것입니다.

생명을 경시하고 학대하는 짓은 나무나 꽃보다도 곤충과 동물에 더 심하다. 학교 교실에 놓여 있는 어항은 장학사나 그 밖에 천박한 교육관을 가진 어른들에게 보이기 위해 끊임없이 물고기들을 질식시켜 죽이는 도살장이 되어 있다. 새장도 토끼장도 그렇다. 여름마다 아이들은 곤충 채집이

란 이름으로 생명을 학살하는 훈련을 강요받는다. 이런 아이들이 어떻게 사람다운 심성을 가질 수 있으며, 자라나 어른이 되었을 때 평화로운 통일 민주 국가를 만들어 갈 수 있겠는가?

읽어 가면서 우리의 교육 현실이 이렇게 암담한 것은, 무엇이 참교육인지 밝혀지지 않아서라기보다는 사람답지 않은 사람들이 정치를 책임지고 교육 행정과 학교 행정을 맡기 때문이라는 것을 깨우치게 되었다.

참교육이 무엇인지는 이미 오래 전에 또렷하게 밝혀졌다. 그것은 학생들에게 사람답게 살아가는 길을 가르쳐 주는 것이다. 무엇이 사람답게 사는 길인가? 자유롭고 평등하고 평화롭고 우애 있는 하나의 생명 공동체 안에서 '하나는 모두를 위해서 모두는 하나를 위해서' 사는 것이다. 자유는 억압에서 벗어나는 것을 말한다. 평등은 착취에서 벗어나는 것이다. 정도의 차이는 있지만 계급 사회는 모두 억압과 착취에 바탕을 두고 있는 사회다. 계급 사회에는 진정한 평화도 우애도 없다. 내가 잘살려면 다른 사람을 윽박지르고 남의 것을 빼앗아 내 것으로 만들어야 한다. 한 편에는 억압하고 착취하는 무리가 있고, 다른 한 편에는 억압당하고 착취당하는 무리가 있어서 이들 사이에 질시와 반목과 갈등은 끝이 없다. 지배 계급 안에서도 억압과 착취의 위계 질서가 있어서, 그 위계 질서의 정상을 목표로 끊임없이 투쟁하고, 피지배 계급 안에서도 끊임없이 억압하는 사람과 착취하는 사람이 나타나 조금 더 힘센 놈이 힘없는 놈을 잡아먹는 먹이 사슬이 이어진다.

참교육은 억압과 착취의 사슬을 끊는 교육이다. 전에는 생산력의 발전이 낮아서 소수가 잘살기 위해 다수를 못살게 구는 것을 당연하게 받아들이기도 했다. 그러나 지금은 그렇지 않다. 현대 세계의 생산력 발달 수준은 낭비 없이 고르게 나누기만 한다면 온 인류가 풍족하게 살고도 남을 만큼 되었다. 이제 억압하고 착취하지 않고도, 억압당하고 착취당하지 않고도 모두가 사람답게 잘 살수 있는 길이 열린 것이다. 여기에 오기까지 민중들은 얼마나 많은 희생을 치러야 했던가! 지구 위 온 세상 곳곳은 사람답게 사는 길을 찾으려고 애쓰고 싸우다가 죽어 간 수많은 민중들의 피와 살로 누벼져 있다고 해도 빈말이 아니다.

그러나 아직도 이 세상은 억압과 착취, 전쟁과 이기적 탐욕이 지배하고 있다. 우리는 이런 세상을 우리 후손에게 물려주어서는 안 된다. 아니, 어쩔 수 없이 물려주게 된다면 우리 후손들 손으로 이 세상을 자유와 평등, 평화와 우애가 지배하는 세상으로 바꿀 수 있도록 힘을 길러 주어야 한다. 파울로 프레이리는 사람이 사람답게 사는 길, 곧 인간 해방은 이제까지 억압당하고 착취당했던 민중이 억압과 착취를 거부하는 데서 열린다고 했다.

나는 억압받고 착취당하는 과정에서 짐승 취급을 받고 기계 취급을 받는 동안 인간성을 잃어버렸다. 너도 억압하고 착취하는 과정에서 사람을 사람으로 여기지 않는 비정하고 냉혹한 마음을 지닌 이기적 탐욕의 화신이 되어 인간성을 잃어버렸다.

처음에는 내가 사람답게 되려면 너처럼 되어야 한다고 잘못 알고 있었다. 남보다 더 잘 먹고 잘 입고 떵떵거리면서 사는 것을 사람답게 사는 것으로 여겼기 때문이다. 그러나 한 사람이 사람답게 살기 위해서 다른 많은 사람을 기계나 짐승으로 부리는 세상이 어찌 사람 사는 세상이라고 할 수 있겠느냐? 사람답게 사는 길은 내가 억압에서 벗어나 자유롭게 되고, 착

취에서 벗어나 남과 평등하게 살면서, 동시에 이제까지 억압과 착취를 자연스러운 것으로 알아 사람을 사람으로 대접할 줄 모르던 억압자, 착취자의 잃어버린 인간성을 되찾아 주는 길이다. 지금까지는 어떤 사람이, 어떤 집단이 억압과 착취에서 벗어나는 길은 스스로가 억압하고 착취하는 이가 되는 길밖에 없었지만, 이제는 그렇지 않다. 내가 해방되면서 동시에 너를 해방시킬 수 있다. 이렇게 해서 민중인 내가 억압에서 해방되고 착취에서 해방되는 인간 해방의 길은 동시에 지배자인 너를 억압하고 착취하는, 인간적이지 못한 욕망에서 해방시키는 이중 해방의 길이다. 곧 모든 사람이 사람답게 사는 길인 것이다.

이것이 프레이리의 생각이다.

그런데 우리의 교육 현실은 어떠한가? 미래 세대를 인간 해방의 길로 이끌기 위해서 애쓰는 교사에게 돌아오는 보상이 무엇인가?

하늘은 아직 맑게 개지 않았다. 이따금씩 비구름이 지나가면서 가랑비를 흩뿌린다. 다시 《이오덕 교육 일기》를 펼쳐 든다.

교육은 여러 각도에서 해야 하고, 살아 있는 것을 바로 보고 붙잡아 인식하고 판단하는 데서 시작해야 한다. 가령 광부들(아이들의 아버지들)의 관심이 가장 큰 것이 무엇인가 하는 문제부터 잡아 가는 것도 좋겠다. 그래서 광부들의 품삯은 얼마나 되는가? (줄임) 생명이 희생되는 무서운 사고는 어떻게 해서 일어나는가? 사고가 일어나지 않도록 하는 조치는 어떻게 하고 있는가? 광산촌 사람들의 생활 실태는 어떤가? 석탄은 어떻게 파내고, 어떻게 운반되고, 어떻게 쓰이는가? 그 값은 얼마나 되는가? 이 광산에서는 한 해에 석탄이 얼마나 나오는가? 이런 문제들을 조사 연구할 수 있는 데까지 하는 것이 좋겠다는 생각이다. 그리고 내일 없는 광부들의 자학적인 생활이란 것도 광부들의 절실한 관심사와 생활 실태 파악에서부터 시작해서, 광부들의 문제가 결코 그들만의 문제가 아니라 우리 모두, 온 국민이 관심을 가지고 해결해야 할 문제임을 깨닫고 그것을 해결하는 방법을 어린아이들까지 소박하게나마 앞날의 꿈으로 그려 보게 할 때 비로소 참교육이 될 것이다.

'나라에 충성' 하고 '관' 에서 떠드는 '질서' 를 존중하는 관점에서 사회를 겉모양만 바라보게 하는 잡동사니 지식이나 벌어 놓는 사회과 지도로서는 결코 참된 학력이 붙을 수 없을 것이고 아이들에게 희망을 줄 수도 없을 것이다.

'참교육' 이라는 말이 학생들을 사람답게 사는 길로 이끄는 교육을 가리킨다고 했을 때, 그리고 '사람다운 삶' 이란 누구나 자유롭고 평등하고 평화롭고 우애로운 삶의 공동체에서 누리는 삶이라고 이야기했을 때 이 규정은 다분히 형식적인 것이었다. 참교육은 교육 민주화가 이루어지고 난 뒤에 비로소 이루어져야 하는 것이 아니라 바로 지금 여기에서 학생과 학부모와 교사가 맞닥뜨리고 있는 실제 현실에서 출발해야 한다. 가장 훌륭한 교과서는 학생과 학부모와 교사가 맞닥뜨리고 있는 실제 현실이다.

이오덕 선생의 말씀대로 광부의 자식은 아버지인 광부의 삶을 알아야 한다. '의식해야' 한다. 두말 할 나위도 없이 광부는 이 땅에서 가장 훌륭한 사람이다.

산업의 원동력인 석탄을 캐내어 생산력을 늘리는 데 이바지하고 민중들이 겨울에 얼어 죽지 않게 만들 뿐만 아니라 석탄이 주된 연료가 되어 산에서 자라는 나무들을 베어 넘기지 않아도 되게 함으로써 나무들의 목숨을 살리고, 그 나무 언저리에서 둥지를 틀고 사는 많은 동물들의 목숨도 살리는 사람이다. 그러나 그처럼 훌륭한 일을 하는 광부를 사회는 어떻게 대접하고 있는가? 그런 대접을 정당하다고 볼 수 있는가? 아니라면 어떻게 해야 하는가? 우리는 꼭 같은 지적을 농부나 노동자의 삶에 대해서도 할 수 있고 또 해야 한다.

사람이 사람인 것은 다른 동물과는 달리 노동하는 동물이기 때문이다. 노동이 없었다면 인간의 역사도 없었다. 아니, 노동이 없었다면 오늘 우리가 보는 사람의 모습도 없었다. 교사는 노동하는 사람의 쪽에 서서 모든 것을 판단해야 한다. 왜 노동자가 못사는가? 왜 농민이 못사는가? 이 땅의 농민과 노동자가 게으르고 무식해서 그런가? 그렇지 않다. 이 땅의 노동자는 세계에서 가장 긴 시간 동안 가장 강도 높은 노동을 하고 있는 가장 부지런한 사람이다. 이 땅의 농민은 세계에서 가장 긴 시간 동안 가장 강도 높은 노동을 하고 있는 이 땅의 노동자보다 더 길고 강도 높은 노동을 하고 있다. 시골로는 죽어도 시집 가지 않겠다는 시골 출신 여성 노동자들의 결의가 열악한 농촌의 삶을 분명하게 증명한다.

이렇게 해서 번 돈이 다 어디로 가는가? 땀은 내 부모가 흘리는데, 그 대가는 왜 다른 사람이 차지해야 하는가? 왜 해마다 농촌은 피폐해지고 주곡 자급률은 떨어지는가? 정부는 무슨 까닭으로 노동 운동을 탄압하고, 농민들의 생존권 보장을 요구하는 운동의 배후에 좌경 폭력 혁명 세력이 도사리고 있다고 선전하는가? 정부가 그렇게 목청 높여 지키겠다고 외치는 자유민주주의는 무엇이고 우리의 삶과 어떤 관계가 있는가? 재벌들은 왜 농사를 지을 것도 아니면서 농민들이 애써 일구어 놓은 땅을 차지하려고 눈이 벌겋게 되어 있는가? 무엇 때문에 해마다 산업 재해로 수천, 수만 명이 다치거나 목숨을 잃는데도 자본가는 재해 방지 시설을 하지 않는가? 산과 강, 대기가 온통 다 오염되어 있는데도 왜 정부는 여기에 대해서 제대로 된 조처를 확실히 취하지 않는가? 통일은 왜 필요한가? 남북 분단은 우리의 삶을 어떤 질곡 속에 몰아넣고 있는가? 국방 예산이 전체 예산의 3분의 1이라는 사실은 무엇을 뜻하는가? 군비를 크게 줄여 우리의 국방 예산이 전체 예산의 10분의 1 아래로 떨어지게 되면 어떤 일이 일어날 것인가? 핵무기가 한반도 남쪽에 수백 기가 있다는 사실을 어떻게 받아들여야 하는가? 통일을 앞당기기 위해서 해야 할 일은 무엇이고 통일이 된 뒤에 해야 할 일은 무엇인가? 미국은 우리에게 무엇인가? 일본은 우리에게 무엇인가? 노동자와 농민이 잘살 수 있는 길은 어디에 있는가? 노동조합은 왜 필요하고 무엇 때문에 민주화되어야 하는가? 교사들은 왜 전국교직원노동조합을 만들었는가? 학생과 교사가 학교의 주인이 되는 길은 어디에 있는가? 대학 입학 시험 제도를 없애면 무슨 일이 일어날 것인가? 지금의 교과서는 누구의 이익을 반영하고 있는가? 어떤 형태로 반영하고 있는가? 학급 문화를 활성화할 방법은 어디에서 찾을 수 있는가? 학부모는 교육에 어떤 영향을 어떻게 미칠 수 있는가? 어떤 영향을 미쳐야 하는가?

이것말고도 교사와 학생은 맞닥뜨린 현실에 대해 수없이 많은 중요한 문제를 제기할 수 있고, 제기된 문제에 역사, 경제, 사회, 생물, 물리, 화학, 수학, 국어, 음악, 미술, 체육, 그 밖에 학교에서 배우는 모든 교과 지식을 이 문제들의 해결에 동원하고 응용할 수 있다. 또 그래야만 한다. 삶의 현실은 모든 것들이 하나로 합쳐져 있는 것이다. 이 전체의 현실에 접근하는 학문 하나하나는 전체 현실

가운데 어느 한 부분을 대변하고 있지만, 전체 현실을 있는 그대로 반영할 수는 없다.

교사가 할 일은 자기가 가르치는 학과의 해당 부분이 구체적 현실의 총체성을 어느 측면에서 어떻게 드러내고 있는지 학생들에게 정확하고 솔직하게 알려 주는 것이다. 어떤 과목도 그 자체로 절대화되어서는 안 된다. 그 과목은 학생이라는 살아 있는 몸에 긴밀하게 녹아들어 사람답게 사는 세상을 건설하는 힘으로 작용해야 한다.

참교육은 잠들어 있는 학생의 의식을 일깨워 사람답게 사는 길로 이끈다는 점에서 '의식화 교육'이다. 농민의 자식은 농민의 처지를 똑똑히 '의식'해야 하고, 노동자의 자식은 노동자의 어려움을 뼈저리게 '의식'하고 있어야 한다. 그 밖의 다른 민중의 자식들도 마찬가지다. 자기와 자기 부모와 선생이 처해 있는 상황을 의식하지 못하는 학생은 그 상황에 숨어 있는 모순을 똑바로 보지 못한다는 점에서 미래가 없다. 의식 없는 학생은 자라서 사람다운 세상을 만드는 데 걸림돌이 된다.

우리와 우리의 미래 세대가 힘을 모아 해결해야 할 모순은 헤아릴 수 없이 많지만 그 가운데 가장 중요한 모순은 민족 모순과 계급 모순이다. 인간 해방의 길에 걸림돌로 놓여 있는 이 두 모순을 해결하기에 기성 세대의 힘은 충분하지 않다. 이 모자라는 힘을 보틸 저수지는 오로지 자라나는 세대뿐이다. 우리는 이 자라는 세대를 해방의 길로 이끌고 억압과 착취가 없는 세상으로 안내해야 한다. 이오덕 선생은 《이오덕 교육 일기》에 이렇게 써 놓았다.

모두 가난한 사람들이다. 가난하기 때문에 교육조차 못 받은 사람들이 할 수 없이 쫓겨오다시피 한 이 골짝에서 흙을 파고 짐을 지면서, 어떻게 해서라도 어린것들만은 공부를 시켜 억울한 가난에서 벗어나야겠다고 학교에 보내기 위해 온갖 애를 다 쓴다. 그런데 글자 한 자 모르고, 관청의 사정 같은 것 알 턱이 없는 이들에게 온갖 어려움이 강요되고 박해가 가해진다. 이들을 대변해 줄 사람은 아무도 없다. 정치도 교육도 이들을 완전히 외면하고 있다. 이 산골 사람들의 뼈만 남은 어깨와 등에는 어두운 지구의 온 무게가 짓누르고 있는 것이다.

교사는 이 사람들의 마지막 소망을 외면해서는 안 된다. 그 사람들이 앙상한 어깨와 등으로 버티고 있는 지구를 같이 지탱하기 위해 고개를 숙이고 그들과 함께 어깨 걸고 서야 한다. 미래 세대가 깔려 죽지 않기 위해서, 우리의 희망이 절망으로 끝나지 않기 위해서.

글쓴이 윤구병 선생님은

1943년에 전라 남도 함평에서 태어났다. 공부는 제법 했으나
말썽도 많이 부리는 학생이었고, 고등 학교 2학년 때는
무전 여행을 떠났다가 학교에서 쫓겨나기도 했다.
서울 대학교 철학과 대학원을 졸업한 뒤에 〈뿌리 깊은 나무〉의
초대 편집장을 지냈다. 충북 대학교 철학 교수로 있으면서
어린이를 위한 책 〈어린이 마을〉 〈달팽이 과학동화〉
〈개똥이 그림책〉 들을 기획했다.
1996년부터 철학 교수를 그만두고 농사꾼으로 살면서
변산공동체학교를 열어 아이들과 함께 지내고 있다.
펴낸 책으로는 《조그마한 내 꿈 하나》 《잡초는 없다》 《있음과 없음》
《실험 학교 이야기》 들이 있다.

꼭 같은 것보다
다 다른 것이 더 좋아

2004년 2월 20일 1판 1쇄 펴냄 | 2019년 9월 20일 1판 18쇄 펴냄 | **글쓴이** 윤구병 | **만화** 이우일 | **편집부** 김은주, 남우희, 서혜영, 심명숙, 윤은주 | **디자인팀** 윤용태, 이주영 | **제작** 심준엽 | **영업·홍보** 안명선, 양병희, 이옥한, 정영지, 조서연, 최민용 | **대외 협력** 신종호, 조병범 | **경영 지원** 임혜정, 한선희 | **표지·본문 디자인** (주)끄레어소시에이츠 | **분해·제판** 아이·디 | **인쇄·제본** (주)천일문화사 | **펴낸이** 유문숙 | **펴낸곳** (주)도서출판 보리 | **출판 등록** 1991년 8월 6일 제 9-279호 | **주소** (10881)경기도 파주시 직지길 492 | **전화** (031)955-3535 | **전송** (031)955-3533 | **누리집** www.boribook.com | **전자 우편** bori@boribook.com

© 윤구병, 2004 | 이 책의 내용을 쓰고자 할 때는, 저작권자와 출판사의 허락을 받아야 합니다.
잘못된 책은 바꾸어 드립니다. | 값 9,500원 | ISBN 89-8428-177-8 43100

이 도서의 국립중앙도서관 출판예정도서목록(CIP)은 서지정보유통지원시스템 홈페이지(http://www.nl.go.kr/cip.php)와
국가자료공동목록시스템 (http://www.nl.go.kr/kolisnet)에서 이용하실 수 있습니다.
(CIP 제어 번호: CIP2004000158)